互联网+高等教育精品课程

"十三五"规划教材（财经类）

U0719610

CHENGBEN KUAIJI

成本会计

张楠 田瑞 主编

西安交通大学出版社
XI'AN JIAOTONG UNIVERSITY PRESS

内容简介

　　本教材以成本会计岗位工作流程和典型工作任务为载体设计学习领域课程,内容包括 4 个单元,9 个工作任务。本教材将成本会计理论与实际生产中的成本会计案例相结合,生动直观,便于学生理解,不仅可以提高学生的成本会计理论水平,还可以提高其成本会计的实际操作能力。在体例设计上,本教材将每个单元划分为若干个任务,以任务为驱动,明确单元学习目标,配套习题和实训,强化实践教学,培养学生成本会计岗位的基本工作能力。

　　本教材既可以作为高等职业院校会计专业的成本会计教材,也可以作为本科或专科院校的辅助教材,同时还可以作为在职人员的岗位培训用书。

图书在版编目(CIP)数据

　　成本会计 / 张楠,田瑞主编. — 西安:西安交通
大学出版社,2018.1
　　ISBN 978-7-5693-0410-7

　　Ⅰ. ①成… Ⅱ. ①张… ②田… Ⅲ. ①成本会计
Ⅳ. ①F234.2

　　中国版本图书馆 CIP 数据核字(2018)第 024214 号

书　　名	成本会计	
主　　编	张楠　田瑞	
责任编辑	史菲菲	

出版发行	西安交通大学出版社	
	(西安市兴庆南路 10 号　邮政编码 710049)	
网　　址	http://www.xjtupress.com	
电　　话	(029)82668357　82667874(发行中心)	
	(029)82668315(总编办)	
传　　真	(029)82668280	
印　　刷	陕西元盛印务有限公司	

开　　本	787mm×1092mm　1/16	印张　8.25	字数　197 千字		
版次印次	2018 年 8 月第 1 版　　2018 年 8 月第 1 次印刷				
书　　号	ISBN 978-7-5693-0410-7				
定　　价	29.80 元				

读者购书、书店添货,如发现印装质量问题,请与本社发行中心联系、调换。
订购热线:(029)82665248　(029)82665249
投稿热线:(029)82668133
读者信箱:xj_rwjg@126.com

前　言

　　成本会计是会计专业及其相关专业群的核心课程之一。本教材在编写中,遵循"以就业为导向、以教学为中心、以重点培养学生职业技能为出发点"的设计理念,对企业成本核算岗位进行职业技能分析,按照成本核算的过程进行课程设计。其内容包括四大部分:第一部分,成本会计基础知识准备;第二部分,产品成本计算的基本方法;第三部分,产品成本计算的辅助方法;第四部分,成本报表的编制与分析。

　　本教材在立足成本会计理论教学的基础上,注重实用性和先进性,适当采集、编制现实经济生活中成本会计理论与成本会计实践紧密相连的、生动直观的、引发学生深入思考的教学案例,以提高学生成本会计理论知识与成本会计实践操作能力。本书特色主要有以下三点:

　　1.体例创新:将传统的学科课程模式转换成以工作过程的工作任务为中心的课程模式;将每个单元划分为若干个任务,使学生在完成具体工作任务的过程中学会动手操作、构建专业知识、发展职业能力。

　　2.内容创新:内容上采用"每个能力为一个单元"的教学模式,以任务为驱动,明确单元学习目标,紧紧围绕完成成本核算的需要来选择课程内容,强调过程操作和技能训练,重视能力培养,配套习题和实训,强化实践教学,培养学生成本会计岗位的基本工作能力。

　　3.人才培养目标创新:通过职业院校在校学生的课堂学习任务与毕业后的工作任务有机结合,引导学生在"工作中学习",实现毕业后顺利顶岗就业或自主创业。

　　本教材可作为高职高专会计类专业及专业群学生"教学做一体化"教学用书,对会计从业人员及社会会计职业资格考试人员指导同样具有参考价值。

　　本书由哈尔滨职业技术学院张楠、哈尔滨职业技术学院田瑞担任主编,黑龙江司法警官职业学院金荣、辽宁商贸职业学院何湾、黑龙江易拍农业互联科技有限公司陈生同担任副主编。具体分工如下:张楠编写单元一和单元二,田瑞编写单元三,何湾编写任务八及各单元闯关考验,金荣、陈生同共同编写任务九。张楠副教授负责对教材进行修改、总纂和定稿等工作。

　　本书在编写过程中得到了行业企业专家指导和帮助,得到了学院领导和相关部门的大力支持,在此向这些作者、行业企业专家、学院领导和部门表示衷心的感谢。

　　由于作者水平有限,书中难免会出现错误和疏漏等不足之处,恳请广大读者和同仁批评指正,以便我们在今后加以完善。在此一并致谢!

编　者

2018 年 2 月 2 日

目　录

单元一　成本会计基础知识准备

单元描述

　　企业产品价格是决定产品竞争优势的重要因素之一,而企业产品的价格取决于成本。因此,正确核算并加强成本管理就成为企业内部管理追求的重要目标。成本会计也正是适应此要求而产生和发展的。成本实际上是一个广义的概念,任何一项活动的付出都可以看作是为实现该活动目的而发生的成本。但只有产品成本涵盖的内容最全面、最能揭示成本的本质,因此产品的成本核算就成了成本会计的核心内容。由于产品成本实质上是产品生产过程中的各种劳动耗费和补偿价值,是反映生产经营管理工作质量的综合性指标,又是确定产品价格的基础,从而决定了对其核算的严肃性和规范性。本单元作为成本会计学习的基础,要在理解成本、成本会计的基础上,能运用成本核算的账户解决企业成本核算实际问题,为以后的产品成本具体核算提供基本思路。

任务一　成本及成本会计

【任务布置】

百程加工厂是由小刘和小苏合伙开办的一家生产玩具的加工厂。二人在经历了选址、租赁厂房、购买设备和招聘员工的过程后，顺利地开始了生产。但在生产的过程中，二人就遇到了棘手的问题，对于他们这样一家厂子而言，产品的价格如何定位？发出的产品如何定价？产品的成本是多少？如何正确地计算产品的价格？

【知识准备】

1.1　成本的经济实质和作用

成本是一个广义的概念，它包含在日常工作和生活的诸多领域，如工业企业的材料采购成本、产品生产成本（制造成本）、劳务成本、销售成本，商品流通企业的商品采购成本、销售成本，交通运输企业的运输劳务成本，建筑安装企业的建筑安装成本，科研机构的科研项目开发成本，司法机关的行政执法成本等。除此之外，人们日常生活的诸多方面都包含着成本的含义，如人生的教育成本、购房购车等各种购物成本、日常生活中的时间成本等。由此可见，成本就是为实现某一特定目的而发生的各种耗费。

人们要进行生产经营活动或要达到一定目的，就必须耗费一定的资源。工业企业的产品生产过程也是劳动的耗费过程。工业企业要进行产品生产，就必须发生各种各样的生产耗费，这些生产耗费具体表现为厂房、机器设备等固定资产的折旧，各种材料、燃料、动力的消耗，应付工人的职工薪酬等。

企业在一定时期内发生的、用货币表现的各种耗费，统称为费用。企业为生产一定种类和数量的产品所发生的各种生产耗费的总和，就称为该种产品的生产成本或制造成本，而劳务成本是指为企业提供一定种类和数量的劳务供应所发生的各种耗费的总和。

工业企业的成本有广义和狭义之分。广义的成本包括存货的采购成本、产品的生产成本、固定资产及无形资产的投资成本以及产品的销售成本等。狭义的成本通常是指产品的生产成本，它是工业企业为生产一定种类和数量的产品所支出的各种耗费。

1.2　成本信息的作用

1.2.1　成本是补偿生产耗费的尺度

为了保证企业再生产的不断进行，必须对生产耗费，即资金耗费进行补偿。企业是自负盈亏的商品生产者和经营者，其生产耗费是用自身的生产成果（即销售收入）来补偿的。而成本就是衡量这一补偿份额大小的尺度。企业在取得销售收入后，必须把相当于成本的份额划分出来,用以补偿生产经营中的资金耗费,这样才能维持资金周转按原有规模进行。如果企业不能按照成本来补偿生产耗费,企业资金就会短缺,再生产就不能按原有的规模进行。成本也是划分生产经营耗费和企业纯收入的依据,在一定的销售收入中,成本越低,企业的纯收入就越多。可见,成本起着衡量生产耗费尺度的作用,对经济发展有着重要的影响。

1.2.2　成本是制订和选择决策方案的重要依据

努力提高在市场上的竞争能力和经济效益,是市场经济条件下对企业的客观要求。而要做到这一点,企业首先必须进行正确的生产经营决策。进行生产经营决策,需要考虑的因素很多,成本是主要的因素之一。在市场价格一定的条件下,成本高低直接影响企业的盈利水平和参与市场竞争的能力。企业进行生产经营或投资的决策,多是以经济效益高低作为评价决策方案的标准,而衡量决策方案经济效益高低时,成本是必须考虑的主要因素。对于制订决策来说,过去的成本信息是进行决策分析的重要工具或依据,没有过去的准确的成本信息是无法进行正确决策的。

1.2.3　成本是综合反映企业工作质量的重要指标

成本是一项综合性的经济指标,企业经营管理中各方面工作的业绩,都可以直接或间接地在成本上反映出来。例如,产品设计的好坏、生产工艺的合理程度、固定资产的利用情况、原材料消耗的节约与浪费、劳动生产率的高低、产品质量的高低、产品产量的增减,以及供、产、销各环节的工作是否衔接协调等,都可以通过成本直接或间接地反映出来。从管理会计角度讲,各责任中心的负责人对他所管辖部门机构的经营和资源利用负责,对其业绩评价的优劣进行奖惩。业绩评价的方法一般是将各责任中心的有关项目的实际发生数与其预算数进行比较。这里的有关项目,根据不同责任中心其评价的内容不完全相同,但成本是最基础的,没有成本数据的对比考核,任何中心的业绩评价都是没有实际意义的。

此外,成本既然是综合反映企业工作质量的指标,因而可以通过对成本的计划、控制、监督、考核和分析等来促使企业以及企业内各单位加强经济核算,努力改进管理,降低成本,提高经济效益。例如,通过正确确定和认真执行企业及其内部各单位的成本计划指标,可以事先控制成本水平和监督各项费用的日常开支,促使企业及企业内部各单位努力降低各种消耗。又如,通过成本的对比和分析,可以及时发现在物化劳动和活劳动消耗上的节约和浪费情况,总结经验,找出工作中的薄弱环节,采取措施挖掘潜力,合理地使用人力、物力和财力,从而降低成本,提高经济效益。

1.2.4　成本是制订产品价格的一项重要因素

在商品经济中,产品价格是产品价值的货币表现。产品价格应大体上符合其价值。无论是国家还是企业,在制订产品价格时都应遵循价值规律的基本要求。但在现阶段,人们还不能直接计算产品的价值,而只能计算成本,通过成本间接地、相对地掌握产品的价值。因此,成本就成了制订产品价格的重要因素。

当然,产品的定价是一项复杂的工作,应考虑的因素很多,如国家的价格政策,以及其他经济政策、各种产品的比价关系、产品在市场上的供求关系、市场竞争的态势等,所以产品成本只是制订产品价格的一个重要因素。

1.3　成本会计的概念

成本会计是以货币作为主要计量单位,运用会计的基本原理和一般原则,采用一定的计算方法,利用价值形式连续、系统、全面、综合地反映和监督企业生产经营过程中各种耗费和产品成本情况的一种管理活动。成本会计是现代会计的一个重要分支,是以成本费用为对象的一种专业会计。成本会计有狭义和广义之分,狭义的成本会计是指对生产经营过程中发生的费用进行归集、分配,计算出有关对象的成本,并加以分析与考核;广义的成本会计是指进行成本预测、成本决策、成本预算、成本控制、成本核算、成本分析、成本考核等管理活动的会计,也称现代成本管理。

成本会计是随着社会经济发展的需要而逐步形成、发展和完善起来的,经历了早期成本会计阶段、近代成本会计阶段和现代成本会计阶段。

1.4　成本会计的对象

成本会计的对象是指成本会计反映和监督的内容。为了更好地理解成本会计的对象,必须结合企业的具体生产经营过程加以说明,下面主要以制造业企业为例加以说明。

制造业企业产品的生产过程,同时也是生产的耗费过程,要制造出产品,就要发生各种生产耗费。这一过程中的生产耗费包括劳动资料与劳动对象等物化劳动耗费和活劳动耗费两大部分。制造业企业在一定时期(如一个月)内发生的、用货币额表现的生产耗费,称为企业生产费用。制造业企业为生产一定种类、一定数量的产品而发生的各种生产费用支出的总和就构成产品的生产成本,也称产品的制造成本。

在实际工作中,为了促使企业加强经济核算,减少生产损失,通常将一些不形成产品价值的损失性支出(如废品损失、停工损失等),也计入了成本。

此外,制造业企业的行政管理部门为组织和管理生产经营活动而发生的各种管理费用,为销售产品而发生的各种销售费用,为筹集生产经营所需资金而发生的财务费用,这些管理费用、销售费用和财务费用,与产品生产没有直接联系,而是按发生的期间归集,直接计入当期损益的,因此,它们构成了企业的期间费用,也称为经营管理费用。这些费用尽管不计入成本,但都属于成本会计所要反映和监督的内容。

综上所述,按照制造业企业生产经营过程的特点和企业会计制度的有关规定,制造业企业成本会计的对象可以概括为:生产经营过程中发生的产品生产成本和经营管理费用,也称生产经营管理费用。

商品流通企业、施工企业、交通运输企业、农业企业等其他行业企业,虽然其生产经营过程各有特点,但它们在生产经营过程中发生的各种费用都可以分成两部分:一部分形成各行业企业的生产经营业务成本;另一部分作为经营管理费用直接计入当期损益。所以,可以把企业成本会计的对象概括为:各行业企业生产经营过程中发生的生产经营业务成本和经营管理费用,简称成本费用。因此,狭义的成本会计实际上是成本、费用会计。

随着经济的发展和企业经营管理水平的不断提高,成本会计的对象和成本会计本身也在相应地发展和变化。现代成本会计的对象应该是各行业企业生产经营业务成本、有关的经营管理费用。现代成本会计是以这些成本、费用为对象的一种专业会计。

1.5 成本会计的职能

成本会计的职能是指成本会计所具有的功能。成本会计的职能在不同的历史时期体现为不同的内容。现代成本会计的职能包括成本核算、成本分析、成本预测、成本决策、成本预算、成本控制和成本考核七个方面的工作。

1.5.1 成本核算

成本核算是对生产经营过程中发生的各种费用,按照一定的对象和标准进行归集和分配,以计算各对象的总成本和单位成本,并进行相应的账务处理。成本核算一般是对成本预算执行结果的事后反映,有条件的企业也应进行成本、费用的事中核算,以便为成本的事中控制和事中分析提供数据。成本核算是成本管理的核心。

1.5.2 成本分析

成本分析是根据成本核算提供的成本数据和其他有关资料,与本期预算成本、上年同期实际成本、本企业历史先进的成本水平,以及国内外先进企业的成本等进行比较,确定成本差异,并且分析产生差异的原因,查明成本超支的责任,以便采取措施,改进生产经营管理,降低成本、费用,提高经济效益。成本分析一般在期末,即事后定期进行。成本分析提供的信息,应该及时反馈,并为成本考核提供依据,为未来成本的预测和决策,以及编制新的成本预算提供资料。

1.5.3 成本预测

成本预测是根据成本的有关数据和相关资料,运用定量和定性分析方法对未来的成本水平及其发展趋势作出科学估计,为成本决策、成本预算和成本控制提供及时有效的信息,提高成本管理的预见性和科学性。

1.5.4 成本决策

成本决策是在成本预测的基础上,根据企业的具体情况制订优化成本的各种可行性方案,并运用决策理论和方法对各种方案进行分析、比较,从中选择最优方案的过程。开展成本决策、确定目标成本是编制成本预算的前提,也是实现成本的事前控制、提高经济效益的重要途径。

1.5.5 成本预算

成本预算是根据成本决策所确定的目标成本,具体规定在预算期内为完成生产经营任务所应支出的成本、费用,并提出为达到规定的成本、费用水平所应采取的各项措施。成本预算是降低成本、费用的具体目标,是进行成本控制、成本分析和成本考核的依据。通过编制成本预算,将企业的成本费用目标具体化,以加强对成本费用的控制管理。

1.5.6 成本控制

成本控制是指在生产经营过程中,根据成本预算对各项实际发生或将要发生的成本费用进行审核、控制,将其限制在预算成本之内,防止超支、浪费和损失的发生,以保证成本预算的执行。通过成本控制,实现企业成本目标。

1.5.7　成本考核

成本考核是在成本分析的基础上,定期地对成本预算的执行结果进行评定和考核。它是评价企业成本管理工作的成绩、检验成本管理目标是否实现的一项重要工作。成本考核要以企业和各个责任者为对象,以其可以控制的成本为限,并按责任归属来核算和评价工作业绩。成本考核要与奖惩制度结合起来,根据成本管理工作的业绩来决定奖惩,以充分调动各个责任者完成预定目标的积极性。

成本会计的各个环节是相互联系、相互补充的。这些环节一般均应贯穿在企业生产经营活动的全过程,在全过程中发挥作用。在各个环节中,成本核算是基础,其他环节是在成本核算的基础上,随着企业经营管理要求的提高和管理科学的发展,随着成本会计和管理科学相结合,逐步发展形成的。成本核算是原始的或初级的成本会计,也是狭义的成本会计。上述各个环节都包括的成本会计,是现代成本会计,也是广义的成本会计,实际上也就是成本管理。

1.6　成本会计的任务

成本会计是企业经营管理的一个重要组成部分,其任务由企业经营管理的要求所决定,同时也受成本会计的对象所制约。

根据企业经营管理的要求,适应成本会计对象的特点,成本会计的具体任务如下:

①通过成本的预测和决策,争取企业生产经营效益的最优化。

②根据成本决策,制订企业的目标成本,编制成本费用预算,作为企业降低成本、费用的努力方向,作为成本控制、分析和考核的依据。

③根据成本预算,相应的消耗定额和有关的法规、制度,控制各项成本、费用,防止浪费和损失,促使企业执行成本预算、节约费用,从而降低成本。

④正确、及时地进行成本核算,反映成本预算的执行情况,为企业生产经营决策提供成本信息,并按规定为国民经济管理提供必要的成本数据。

⑤分析和考核各项消耗定额和成本预算的执行情况、执行结果,调动企业职工生产经营的积极性,促使企业改进生产经营管理,挖掘降低成本、费用的潜力,提高经济效益。

1.7　成本会计的工作组织

为了充分发挥成本会计的职能和作用,完成成本会计的任务,企业应根据本单位生产经营的业务特点、生产规模、企业机构设置和成本管理的要求等具体情况来组织成本会计工作。应当合理设置成本会计机构、配备成本会计人员,并严格按照与成本会计有关的法规和制度等进行工作。

1.7.1　成本会计的机构

成本会计机构是企业财务部门的重要组成部分,是进行成本核算的职能单位。大中型企业,通常在财务部门中单独设成本会计科、组或室。规模较小、会计人员不多的企业,通常在财务部门中指定专人处理成本会计工作。成本会计机构内部,可以按成本会计所担负的各项任务分工,也可以按成本会计的对象分工,在分工的基础上建立岗位责任制,使每一个成本会计人员都明确自己的职责,每一项成本会计工作都有人负责。

在企业会计部门的领导下,成本会计人员认真执行成本会计的有关法规和制度,负责组织和处理成本会计业务,做好成本计算和成本管理,进行成本分析,及时为企业管理当局提供各种成本会计信息,做好领导的参谋和助手。

成本会计工作通常有集中核算和分散核算两种方式。

集中核算方式是指成本会计工作的成本核算,主要由厂部成本会计机构集中进行。在这种核算方式下,车间等各部门一般只配备专职或兼职的成本核算人员,这些专(兼)职成本会计或核算人员只负责登记原始记录和填制原始凭证,并对这些原始资料进行初步的审核、整理和汇总,为厂部成本会计部门提供资料。采用集中核算方式,厂部成本会计机构可以比较及时地掌握企业有关成本的全面信息,便于集中使用电子计算机进行成本数据的处理,可以减少成本会计机构的层次和成本会计人员的数量。但是,这种核算方式不便于实行责任成本核算,不便于直接从事生产经营活动的各部门和职工及时掌握本部门的成本信息,因而不利于调动内部各部门对成本费用进行自我控制的主动性和积极性。

分散核算方式是指成本会计工作分散由企业内部车间等其他部门的成本会计机构和人员分别进行。厂部成本会计机构负责对各下属成本会计机构和人员进行业务上的监督和指导,并对全厂成本进行综合的核算、分析等工作。

在成本会计机构中必须配备一定数量的精通业务的成本会计人员,这是做好成本会计工作的关键。成本会计工作人员除了要精通业务外,还必须具备应有的职业道德。为了充分发挥和保护会计人员的工作积极性,我国在会计法规中对会计人员的职责、权限、任免、奖惩和会计人员的技术职称等方面,都作出了明确的规定。

成本会计机构和成本会计人员在企业总会计师和会计主管人员的领导下,认真履行自己的职责,圆满完成成本会计的各项任务,参与制订企业的生产经营决策,降低企业成本,提高企业经济效益。

1.7.2　成本会计的法规和制度

成本会计的法规和制度是组织和从事成本会计工作必须遵守的规范和具体依据,是会计法规和制度的重要组成部分。企业应遵循国家有关法律、法规、制度,如《中华人民共和国会计法》《企业财务通则》《企业会计准则》等有关规定,并适应企业生产经营的特点和管理要求,制定企业内部成本会计制度、规程或办法,其应包括对成本进行预测、决策、预算、控制、核算、分析和考核等相关制度。

同时,企业在建立与实施成本费用内部控制时,至少应当强化对下列关键方面或者关键环节的控制:

①职责分工、权限范围和审批程序应当明确规范,机构设置和人员配备应当科学合理。

②成本费用定额、成本预算编制的依据应当充分适当,成本费用事项和决策过程应当明确规范。

③成本费用预测、决策、预算、控制、核算、分析、考核的控制流程应当清晰严密,对成本费用核算,内部价格的制订和结算办法,责任会计及有关成本费用考核等应当有明确的规定。

　　成本会计的法规和制度一经制定,各企业必须严格执行,保持相对稳定性。但随着客观经济形势的发展,也必须适当修改。

【任务实施】

　　对于他们这样一家厂子而言,其在生产的过程中,小刘和小苏遇到的这些棘手的问题,都需要进行成本核算的规范。而为了规范某会计主体单位成本核算,加强企业成本的管理和控制,根据国家级的成本核算法规、准则、制度制定本企业产品成本管理核算制度。企业产品成本管理核算制度颁布后,所有部门、员工必须遵照执行。其主要内容包括:总则、成本核算目的、设置成本会计科目、建立健全定额管理制度、制定和修订各项定额资料、建立健全材料的计量收发领退和盘点制度、建立在产品产成品的保管移交传递制度、成本核算方法、成本控制分析考核方法等。

　　以下是《企业产品成本核算制度(试行)》(节选)。

一、总则

　　第一条　为了加强企业产品成本核算工作,保证产品成本信息真实、完整,促进企业和经济社会的可持续发展,根据《中华人民共和国会计法》、企业会计准则等国家有关规定制定本制度。

　　第二条　本制度适用于大中型企业,包括制造业、农业、批发零售业、建筑业、房地产业、采矿业、交通运输业、信息传输业、软件及信息技术服务业、文化业以及其他行业的企业。其他未明确规定的行业比照以上类似行业的规定执行。

　　本制度不适用于金融保险业的企业。

　　第三条　本制度所称的产品,是指企业日常生产经营活动中持有以备出售的产成品、商品、提供的劳务或服务。

　　本制度所称的产品成本,是指企业在生产产品过程中所发生的材料费用、职工薪酬等,以及不能直接计入而按一定标准分配计入的各种间接费用。

　　第四条　企业应当充分利用现代信息技术,编制、执行企业产品成本预算,对执行情况进行分析、考核,落实成本管理责任制,加强对产品生产事前、事中、事后的全过程控制,加强产品成本核算与管理各项基础工作。

　　第五条　企业应当根据所发生的有关费用能否归属于使产品达到目前场所和状态的原则,正确区分产品成本和期间费用。

　　第六条　企业应当根据产品生产过程的特点、生产经营组织的类型、产品种类的繁简和成本管理的要求,确定产品成本核算的对象、项目、范围,及时对有关费用进行归集、分配和结转。

　　企业产品成本核算采用的会计政策和估计一经确定,不得随意变更。

　　第七条　企业一般应当按月编制产品成本报表,全面反映企业生产成本、成本计划执行情况、产品成本及其变动情况等。

二、产品成本核算对象

　　第八条　企业应当根据生产经营特点和管理要求,确定成本核算对象,归集成本费用,计算产品的生产成本。

　　第九条　制造企业一般按照产品品种、批次订单或生产步骤等确定产品成本核算对象。

（一）大量大批单步骤生产产品或管理上不要求提供有关生产步骤成本信息的，一般按照产品品种确定成本核算对象。

（二）小批单件生产产品的，一般按照每批或每件产品确定成本核算对象。

（三）多步骤连续加工产品且管理上要求提供有关生产步骤成本信息的，一般按照每种（批）产品及各生产步骤确定成本核算对象。

产品规格繁多的，可以将产品结构、耗用原材料和工艺过程基本相同的产品，适当合并作为成本核算对象。

三、产品成本核算项目和范围

第二十一条　企业应当根据生产经营特点和管理要求，按照成本的经济用途和生产要素内容相结合的原则或者成本性态等设置成本项目。

第二十二条　制造企业一般设置直接材料、燃料和动力、直接人工和制造费用等成本项目。

直接材料，是指构成产品实体的原材料以及有助于产品形成的主要材料和辅助材料。

燃料和动力，是指直接用于产品生产的燃料和动力。

直接人工，是指直接从事产品生产的工人的职工薪酬。

制造费用，是指企业为生产产品和提供劳务而发生的各项间接费用，包括企业生产部门（如生产车间）发生的水电费、固定资产折旧、无形资产摊销、管理人员的职工薪酬、劳动保护费、国家规定的有关环保费用、季节性和修理期间的停工损失等。

四、产品成本归集、分配和结转

第三十四条　企业所发生的费用，能确定由某一成本核算对象负担的，应当按照所对应的产品成本项目类别，直接计入产品成本核算对象的生产成本；由几个成本核算对象共同负担的，应当选择合理的分配标准分配计入。

企业应当根据生产经营特点，以正常生产能力水平为基础，按照资源耗费方式确定合理的分配标准。

企业应当按照权责发生制的原则，根据产品的生产特点和管理要求结转成本。

第三十五条　制造企业发生的直接材料和直接人工，能够直接计入成本核算对象的，应当直接计入成本核算对象的生产成本，否则应当按照合理的分配标准分配计入。

制造企业外购燃料和动力的，应当根据实际耗用数量或者合理的分配标准对燃料和动力费用进行归集分配。生产部门直接用于生产的燃料和动力，直接计入生产成本；生产部门间接用于生产（如照明、取暖）的燃料和动力，计入制造费用。制造企业内部自行提供燃料和动力的，参照本条第三款进行处理。

制造企业辅助生产部门为生产部门提供劳务和产品而发生的费用，应当参照生产成本项目归集，并按照合理的分配标准分配计入各成本核算对象的生产成本。辅助生产部门之间互相提供的劳务、作业成本，应当采用合理的方法，进行交互分配。互相提供劳务、作业不多的，可以不进行交互分配，直接分给辅助生产部门以外的受益单位。

第三十六条　制造企业发生的制造费用，应当按照合理的分配标准按月分配计入各成本核算对象的生产成本。企业可以采取的分配标准包括机器工时、人工工时、计划分配率等。

季节性生产企业在停工期间发生的制造费用,应当在开工期间进行合理分摊,连同开工期间发生的制造费用,一并计入产品的生产成本。

制造企业可以根据自身经营管理特点和条件,利用现代信息技术,采用作业成本法对不能直接归属于成本核算对象的成本进行归集和分配。

第三十七条 制造企业应当根据生产经营特点和联产品、副产品的工艺要求,选择系数分配法、实物量分配法、相对销售价格分配法等合理的方法分配联合生产成本。

第三十八条 制造企业发出的材料成本,可以根据实物流转方式、管理要求、实物性质等实际情况,采用先进先出法、加权平均法、个别计价法等方法计算。

第三十九条 制造企业应当根据产品的生产特点和管理要求,按成本计算期结转成本。制造企业可以选择原材料消耗量、约当产量法、定额比例法、原材料扣除法、完工百分比法等方法,恰当地确定完工产品和在产品的实际成本,并将完工入库产品的产品成本结转至库存产品科目;在产品数量、金额不重要或在产品期初期末数量变动不大的,可以不计算在产品成本。

制造企业产成品和在产品的成本核算,除季节性生产企业等以外,应当以月为成本计算期。

五、附则

第五十一条 小企业参照执行本制度。

第五十二条 本制度自 2014 年 1 月 1 日起施行。

第五十三条 执行本制度的企业不再执行《国营工业企业成本核算办法》。

任务二 成本核算的要求和一般程序

【任务布置】

程明和王嘉合伙开办了一家家具厂。他们选定了合适的厂址后,购置了一批生产设备,招聘了 20 余名技术工人。家具厂开工后,摆在两个人面前的第一道难题就是,每天为产品生产而发生的各种开支,再按开工前那样只记流水账,已经难以控制每个月的成本费用了。更不用说,如何计算产品成本,如何给产品定价,如何设置成本核算岗位,如何设计产品生产核算流程,这些都让他们感到茫然。应该如何解决好这些问题呢?

【知识准备】

2.1 费用的分类

为了加强成本管理,必须对各种费用进行合理分类。费用可以按照不同的标准分类,其中最基本的是按照费用的经济内容和经济用途进行分类。

1. 按费用的经济内容进行分类

工业企业产品的生产过程，也是劳动对象、劳动手段、活劳动的耗费过程。因此，费用按其经济内容划分，主要有劳动对象方面的费用、劳动手段方面的费用和活劳动方面的费用三大类。为了具体地反映费用的构成和水平，还应在此基础上将费用进一步划分为以下八个费用要素。所谓费用要素，就是费用按经济内容分类的项目。

(1)外购材料

外购材料是指企业为生产经营而耗用的一切从外部购进的原料及主要材料、辅助材料、包装物、修理用备件和低值易耗品等。

(2)外购燃料

外购燃料是指企业为生产经营而耗用的一切从外部购进的各种燃料，包括固体、液体、气体燃料。外购燃料也可以包括在外购材料中，但由于燃料是重要能源，一般需要单独考核，因而单独列作一个要素。

(3)外购动力

外购动力是指企业为生产经营而耗用的从外部购进的各种动力，包括电力、热力和蒸汽等。

(4)应付职工薪酬

应付职工薪酬是指企业为获得提供的服务而支付的各种形式的报酬和支出，包括职工工资、奖金、津贴和补贴、职工福利费、社会保险费、住房公积金、工会经费和职工教育经费、非货币性福利、因解除与职工的劳动关系而给予职工的补偿，以及其他与获得职工提供的服务相关的支出。

(5)折旧费

折旧费是指企业按照规定计算的固定资产折旧费用。出租固定资产的折旧费不包括在内。

(6)利息支出

利息支出是指企业借款利息支出减去存款利息收入后的净额。

(7)税金

税金是指企业应缴纳的各种税金，如房产税、车船税、印花税、土地使用税等。

(8)其他费用

其他费用是指不属于以上各要素费用，但应计入生产经营费用的支出，如邮电费、差旅费、租赁费、保险费、外部加工费等。

费用按经济内容不同分类，可以反映企业在一定时期内发生了哪些费用，数额是多少，可以据以分析各个时期各种费用的结构和水平，并为制订相关的计划和定额等提供资料。但这种分类有以下不足之处：不能反映各种费用的经济用途，不便于分析这些费用的支出是否合理，无法确定发生的费用与各种产品之间的关系，不利于寻求降低产品成本的途径。因此，对于企业的这些费用还需按其经济用途进行分类。

2. 按费用的经济用途进行分类

工业企业的各种费用按其经济用途分类，首先可分为生产经营管理费用和非生产经营管理费用。生产经营管理费用还可分为计入产品成本的生产费用和不计入产品成本的经营管理费用(即期间费用)。

计入产品成本的生产费用按其经济用途不同分类的项目,称为产品成本项目,简称成本项目。工业企业一般应设置以下成本项目:

(1)直接材料

直接材料是指直接用于产品生产、构成产品实体的原料、主要材料费用,以及有助于产品形成的辅助材料费用。

(2)直接人工

直接人工是指直接参加产品生产的工人的职工薪酬。

(3)制造费用

制造费用是指间接用于产品生产的各项费用和虽直接用于产品生产,但不便于直接计入产品成本,因而没有专设成本项目的费用,以及企业内部生产单位(分厂、车间)为组织和管理生产活动而发生的各项费用。

以上各成本项目的费用之和,构成产品的生产成本。为使产品成本项目更好地适应企业的生产特点和管理要求,企业可根据实际需要,对上述成本项目作适当的调整。对管理上需要单独反映、控制和考核的费用,以及在产品成本中占有比重较大的费用,可增设成本项目,如"废品损失""停工损失"等;对工艺上耗用燃料动力不多的生产项目,则不必专设"燃料及动力"成本项目,可将其中的燃料费用并入"直接材料"成本项目,将其中的动力费用并入"制造费用"成本项目。

不计入产品成本的经营管理费用(期间费用)按经济用途不同分为销售费用、管理费用和财务费用。

费用按经济用途分类,可以具体说明企业费用的用途,有利于核算和监督产品消耗定额和费用预算的执行情况,有利于加强成本管理和成本分析。

3. 费用的其他分类

(1)生产费用按其与生产工艺的关系的分类

生产费用按其与生产工艺的关系,可以分为直接生产费用和间接生产费用。直接生产费用是指由于生产工艺本身引起的直接用于产品生产的各项费用,如产品生产耗用的材料费用、生产工人薪酬、机器设备折旧费等。间接生产费用是指与生产工艺没有联系,间接用于产品生产的各项费用,如机物料消耗、车间管理人员薪酬、辅助工人薪酬、车间办公费和差旅费、车间厂房折旧费等。

这种分类方法便于考察和分析企业的管理水平。一般来说,管理水平越高,产品成本中的间接生产费用所占的比重越低。

(2)生产费用按其与产品产量关系的分类

生产费用按其与产品产量的关系,可分为变动费用和固定费用。变动费用是指费用总额随着产品产量的变动而呈正比变动的费用,如耗用的材料费用、计件工资等。固定费用是指费用总额不受产品产量的变动影响、相对固定不变的费用,如车间管理人员薪酬、办公费、差旅费等。

这种分类方法有利于加强产品成本控制,科学地进行成本分析,有助于寻求有效降低费用的途径。

(3)生产费用按其计入产品成本方式的分类

生产费用按其计入产品成本的方式,分为直接计入费用和间接计入费用。直接计入费用是指生产某种产品而发生的能直接计入该种产品成本的费用,如生产产品耗用的材料费用、生产工人计件工资等。间接计入费用是指生产几种产品共同发生的、不能直接计入某种产品成本,需要按照一定的标准分配计入相关产品成本的费用,如制造费用等。

这种分类方法便于正确组织产品成本核算。对直接计入费用应根据原始凭证直接计入产品成本,对间接计入费用应选择适当的分配标准分配计入有关产品成本。

2.2 成本核算的要求

成本核算是对生产经营过程中发生的生产费用,按一定对象和标准进行归集和分配,以计算出各成本计算对象的总成本和单位成本。做好成本核算工作,可以及时、准确地反映和监督生产经营过程中的各项耗费,促使企业不断降低成本,提高经济效益,并为正确计算财务成果打下基础。因此,为了做好成本核算工作,充分发挥它的作用,在成本核算中,应符合以下各项要求。

1.严格执行国家规定的成本开支范围和费用开支标准

成本开支范围,是指根据企业在生产过程中发生的生产费用的不同性质,根据成本的内容和加强经济核算的要求,由国家统一制定的,企业哪些开支能够计入产品成本或期间费用,哪些开支不能计入产品成本或期间费用。例如,企业为生产产品所发生的材料费、工资及福利费等应列入产品成本;企业为购建固定资产、无形资产等所发生的开支,不能列入产品成本。

费用开支标准是对某些费用开支的数额、比例作出的具体规定。例如,固定资产和低值易耗品的划分标准、按工资总额提取的福利费比例等,都应该按照国家规定的标准开支。

企业进行成本核算时,要根据国家有关法规和制度,以及企业的成本计划和相应的消耗定额,对企业的各项费用进行审核和控制。严格遵守国家规定的成本开支范围和费用开支标准,既能保证产品成本的真实性,使同类企业以及企业本身不同时期之间的产品成本内容一致,具有分析对比的可能,又能正确计算企业的利润并进行分配。所以,严格遵守成本开支范围和费用开支标准,是国家对企业成本核算工作提出的最基本要求。

2.正确划分各项费用支出的界限

企业发生的费用,有的可以计入产品成本,有的不能计入产品成本,应计入期间费用。为了正确计算产品成本,保证产品成本的真实可靠,在进行成本核算时必须正确划分以下五方面的界限。

(1)正确划分应计入成本费用和不应计入成本费用的界限

企业的经济活动是多方面的,发生的支出的用途也是多方面的。企业的支出并非都应计入产品成本或期间费用。例如,企业为购建固定资产、无形资产等所发生的资本性支出,它们的受益期不仅包括本期,还包括以后若干个会计期间,因此按照配比原则,资本性支出在支出发生时先形成固定资产、无形资产等长期资产的价值,然后在受益期内逐步转化为成本费用。一些与生产经营活动无关的营业外支出,如固定资产盘亏、处置固定资产净损失、处置无形资产净损失、罚款支出、非常损失等,也不能计入成本费用。企业发生的收益性支出,如生产过程中消耗的材料费、支付的工资及福利费等,一般应在支出发生当期计入产品成本或期间费用。

所以,企业应遵守国家关于成本、费用开支范围的规定,正确划分应计入成本费用和不应计入成本费用的界限。

(2)正确划分产品成本和期间费用的界限

企业在生产过程中为生产一定种类、一定数量的产品而发生的材料耗费、工资福利费等生产费用应计入产品成本,如为生产产品耗用的材料费用、生产工人工资和福利费等。为销售产品而发生的销售费用、为组织和管理企业生产经营活动而发生的管理费用,以及为筹集资金而发生的财务费用都是在经营过程中发生的,如为销售产品而发生的广告费、运输费、保险费,行政管理部门的办公费、水电费、管理人员工资,企业支付的银行手续费等,这些支出与产品生产无直接关系,因此作为期间费用直接计入当期损益。

为了正确计算产品成本,必须分清哪些成本费用应计入产品成本,哪些成本费用应计入期间费用。要防止混淆产品成本和期间费用的界限,将某些期间费用计入产品成本,或是将产品成本计入期间费用来调节各月产品成本和各月损益的错误做法。

(3)正确划分各个会计期间的产品成本的界限

企业一般应当以月份为会计期间,按月进行成本计算。在生产经营过程中发生的费用,有的应计入当月产品成本,有的应计入以后各月产品成本。为了正确计算产品成本和各月的损益,必须将发生的成本费用,在各个月份之间进行正确的划分。企业应该按权责发生制原则,应由本月负担的费用,应该全部计入本月成本费用;不应由本月负担的费用,则不应计入本月成本费用。正确划分各个会计期间的产品成本的界限,以便分别计算各月成本及按月分析和考核成本计划的执行情况,同时也是保证成本核算结果准确的重要环节。

(4)正确划分各种产品成本的界限

为了正确计算各种产品的成本,准确分析和考核不同产品的成本计划或成本定额的执行情况,必须将应计入本月产品成本的生产费用在各种产品之间进行正确的划分。属于某种产品单独耗用的直接费用,应直接计入该种产品的成本;属于几种产品共同发生的间接费用,应采用适当的分配方法,分别计入每种产品的成本,以正确反映各种产品的成本。应该严防在盈利产品和亏损产品之间、可比产品与不可比产品之间任意转移生产费用,以盈补亏、掩盖超支、虚报产品成本的错误做法。

(5)正确划分完工产品与在产品成本的界限

月末,如果某种产品全部完工,该产品的各项生产费用之和就是完工产品成本;如果某种产品都未完工,该产品的各项生产费用之和就是月末在产品成本;如果某种产品部分完工、部分未完工,就需要采用适当的分配方法,将该产品的各项生产费用之和在完工产品和月末在产品之间进行分配,分别计算出完工产品成本和月末在产品成本。应防止任意提高或降低月末在产品成本、人为调节完工产品成本的错误做法。

以上五个方面费用界限的划分,都应贯彻"受益原则",即何者受益何者负担费用,何时受益何时负担费用,负担费用的多少应与受益程度大小成正比。这五个方面费用界限的划分过程,也是产品成本的计算过程和各项期间费用的归集过程。

2.3　做好成本核算的基础工作

成本核算的基础工作是为了正确计算产品成本和期间费用,对生产经营过程中的各种耗费及成果进行的原始记录、计价、控制和管理工作。它有利于正确合理地进行成本核算和成本控制。

1. 材料物资的计量、收发、领退和盘点

企业在生产经营过程中，凡是材料物资的入库、发出，在产品、半成品的内部转移以及产成品的入库等，都必须填制相应的凭证，办理手续，并正确计量，严格验收验发。通过计量、验收验发，为成本核算提供准确的成本资料，也可以反映出企业各项材料物资的实际结存情况。对于每月或每批生产剩余的材料物资，应及时办理退库手续或结转到下期继续使用，以保证计入产品成本的材料物资的消耗准确无误。库存的各种材料物资、车间的在产品、产成品均应按规定定期进行清查、盘点，做到账实相符，保证材料物资的安全。

生产中耗用的各项材料物资的计量是否准确，账实是否相符，是完成成本核算工作的可靠基础。为了正确计算产品成本，做好成本核算工作，企业必须建立健全材料物资的计量、收发、领退和盘点制度。

2. 原始记录的登记、传递、审核和保管

原始记录是按照规定的格式记载企业生产经营过程中各项业务发生或完成情况的最初资料。企业在生产过程中材料的领用、动力和工时的耗费、费用的开支、废品的发生、半成品的内部转移、产成品的数量和质量检验结果等的记录都属于原始记录，如原材料收发、领用记录、生产记录、考勤记录、产品入库记录等。

原始记录是企业进行成本核算、编制成本计划、分析和考核各种消耗定额和生产成果的主要依据，是成本管理的基础。因此，企业一方面要建立科学又简便易行、讲求实效的原始记录制度，另一方面还要组织职工认真做好各种原始记录的登记、传递、审核和保管工作，以便正确及时地为成本核算和其他有关方面提供原始资料。

3. 定额的制订和修订

定额是指企业在正常的生产技术和生产能力下，在充分考虑各种积极因素的基础上，对人力、物力、财力的配备和消耗等所规定应达到的标准。各项定额既是编制成本计划、分析和考核成本水平的依据，又是审核和控制成本的标准。它还是计算产品成本时分配实际费用的标准。

定额的制订主要是制订工时定额、产量定额、材料消耗定额、费用定额等。各项定额既要先进可行，又要切合实际，并应随着生产技术的改革、劳动生产率的提高等因素的变化不断修订。积极可行的定额是编制成本计划、进行成本核算、分析和管控成本的重要依据，同时又是衡量企业和个人工作业绩的尺度。因此，企业必须建立健全定额管理制度，以提高企业的核算与管理水平。

4. 内部结算价格的制订和修订

内部结算价格是指各种自制零部件、半成品和辅助生产部门提供的各种劳务在企业内各部门之间转移的价格。

在实行内部经济责任制的企业中，制订内部结算价格是为了明确内部各单位、部门间的经济责任，简化和减少核算工作，便于分析、考核内部各单位成本计划的完成情况。在制订内部结算价格时，应由各责任中心共同协商，以使内部结算价格公平合理并接近实际。企业制订的内部结算价格应尽可能相对稳定，年度内一般不作变动。

2.4 选择适当的成本计算方法

企业在进行成本核算时,应根据本企业生产类型的特点和具体的管理要求,选择适合的成本计算方法进行成本计算。

产品成本是在生产过程中形成的,生产组织和工艺过程不同的产品,应该采用不同的成本计算方法。企业按生产组织方式不同,有大量生产、成批生产和单件生产;按生产工艺过程的特点,有单步骤生产和多步骤生产。企业采用何种成本计算方法,在很大程度上取决于产品的生产特点。同时,成本核算还应满足成本管理的需要,对管理要求不同的产品,也应该采用不同的成本计算方法。在同一企业里,可以采用一种成本计算方法,也可以采用多种成本计算方法,即多种成本计算方法同时使用或多种成本计算方法结合使用。企业只有按照产品生产特点和管理要求,选用适当的成本计算方法,才能正确、及时地计算产品成本,为成本管理提供有用的成本信息。

2.5 成本核算的一般程序

成本核算的一般程序,就是对生产经营过程中发生的各项生产费用,按照成本核算对象的产品成本项目进行归集和分配,计算出产成品成本的过程。为了将各项生产费用分配给各成本核算对象,企业需要设置一个完整的账户体系。

1. 成本核算账户的设置

为了核算产品成本和期间费用,企业应设置以下一些账户。

(1)"生产成本——基本生产成本"

"生产成本——基本生产成本"账户属于成本类账户,是为归集基本生产车间所发生的各种生产费用、计算产品成本而设置的。该账户借方登记基本生产所发生的各项费用;贷方登记完工入库转出的产品成本,余额在借方,表示月末在产品成本数额。按产品品种等成本计算对象分设明细账,明细账内按成本项目分设专栏,按成本项目登记各种产品的月初在产品成本、本月生产费用、本月完工产品成本和月末在产品成本。该账户也称产品成本计算单或产品成本明细账。其格式及举例如表 2-1 所示。

表 2-1 基本生产成本明细账

产品名称:　　　　　　　　　　基本生产车间名称:　　　　　　　　　　金额单位:元

20××年		凭证号	摘　要	借方发生额						贷方发生额	合　计
月	日			直接材料	燃料及动力	直接人工	制造费用	……	合计		

（2）"生产成本——辅助生产成本"

辅助生产部门是指为基本生产车间、行政管理部门等单位服务而进行的生产产品和劳务供应的部门，也称辅助生产车间。"生产成本——辅助生产成本"账户属于成本类账户，用于核算辅助生产车间为基本生产车间和管理部门提供产品、劳务所发生的各项费用。它按辅助生产车间、产品或劳务品种设置明细账，明细账内按成本项目或费用项目设专栏，如表 2-2 所示。该账户借方核算辅助生产部门生产中发生的直接材料、直接人工及制造费用等，贷方核算月末已完工并验收入库的产品的成本或分配转出的劳务费用，该账户月末一般无余额，若有余额在借方，表示辅助生产在产品成本。

在企业生产的产品品种较多、企业辅助生产车间比较多的情况下，为了减少二级账户，简化会计分录，可以将"基本生产成本"和"辅助生产成本"提升为总分类账户进行核算。

表 2-2 辅助生产明细账

产品名称：　　　　　　　　　　　辅助生产车间名称：　　　　　　　　　　　金额单位：元

| 20××年 | | 凭证号 | 摘 要 | 借方发生额 | | | | | 贷方发生额 | 合 计 |
月	日									

（3）"制造费用"

"制造费用"账户属于成本类账户，核算生产车间为生产产品或提供劳务而发生的各项间接费用，包括车间管理人员薪酬费用、车间的折旧费、修理费、办公费、水电费、机物料消耗、劳动保护费等。该账户借方核算生产产品或提供劳务时发生的各项间接费用，贷方核算月末按一定标准分配转入各种产品成本的制造费用。该账户应按不同车间、部门设置明细账，并在明细账中按费用要素分设专栏反映，如表 2-3 所示。

表 2-3 制造费用明细账

车间名称：　　　　　　　　　　　　　　　　　　　　　　　　　　金额单位：元

| 20××年 | | 凭证号 | 摘 要 | 借方发生额 | | | 合计 | 贷方发生额 | 合 计 |
月	日								

（4）"废品损失"

单独核算废品损失的企业，可以单独设置"废品损失"账户，也可以设置"生产成本——基本生产成本（废品损失）"账户来核算废品损失。"废品损失"账户属于成本（费用）类账户，核算企业生产废品发生的成本或修复废品的费用等。该账户借方核算不可修复废品的生产成本和可修复废品的修复费用，贷方核算回收废品的残料价值和过失单位或个人的赔款，以及废品损失净额的转出。

（5）"停工损失"

单独核算停工损失的企业，可以单独设置"停工损失"账户，也可以设置"生产成本——基本生产成本（停工损失）"账户来核算停工损失。"停工损失"账户属于成本（费用）类账户，核算企业停工期间所发生的各项费用，包括停工期间损失的材料费、应支付的生产工人薪酬、发生的燃料及动力费用和应负担的制造费用等。该账户借方核算停工期间发生的各项费用，贷方核算应收的过失单位或个人的赔款，以及停工损失净额的转出。

为了归集和结转不计入产品成本的期间费用，还需要设置"销售费用""管理费用""财务费用"等账户。

2. 成本核算的一般程序

成本核算程序就是将生产经营过程中发生的各项费用按照成本核算的要求，逐步进行归集和分配，最后计算出各种产品的成本和各项期间费用的过程。成本核算一般程序，可归纳如下几点。

（1）审核生产过程中发生的费用

为了有效降低产品成本与期间费用，企业对生产经营中发生的各项费用应加强事前审核。生产费用发生后，应对其真实性、合法性及合理性进行审核和控制。根据国家规定的成本开支范围、企业制订的成本计划和定额标准来列支，确定生产过程中发生的各项费用支出，哪些应计入产品成本，哪些不应计入产品成本。生产费用审核后，还应分清本期费用与非本期费用的界限。

（2）要素费用的归集和分配

企业生产经营过程中发生的外购材料、外购燃料、外购动力、职工薪酬等要素费用，首先按照经济用途进行分配：属于期间费用的，应按管理费用、销售费用和财务费用进行归集；属于为生产产品而发生的要素费用，如果单独设有相应的产品成本项目，如外购材料、外购燃料、外购动力费用与产品成本项目"直接材料"对应，生产工人薪酬与产品成本项目"直接人工"对应，可以按照用途分配给基本生产车间的各种产品和辅助生产部门的各种产品或劳务；如果没有单独设有相应的产品成本项目，如机器设备折旧费、车间管理人员薪酬、车间办公费、修理费等，应先归集为不同生产车间或部门的制造费用，制造费用归集完成后再将制造费用分配计入本车间或部门的各种产品成本中。

要素费用可以根据相应的原始记录编制要素费用分配表。对于计入产品成本的要素费用，按照费用发生的地点、用途直接记入或分配记入"生产成本——基本生产成本"、"生产成本——辅助生产成本"和"制造费用"账户及其明细账户。对于计入期间费用的要素费用，分别记入"销售费用""管理费用""财务费用"账户。

（3）辅助生产部门费用的归集和分配

生产部门发生的各项生产费用，属于单设成本项目的，如原材料、生产工人薪酬，应在各要素费用分配中直接计入辅助生产部门的产品成本或劳务成本中;属于没有单设产品成本项目的其他费用归集到辅助生产部门的制造费用中。月末,将辅助生产部门的制造费用按照一定的标准分配计入本车间的产品成本或劳务成本中。

辅助生产部门生产产品或提供劳务所发生的费用,归集在"生产成本——辅助生产成本"账户及其明细账后,除对完工入库的自制工具、模具等产品的成本转为存货成本外,应于月末按受益对象耗用的劳务数量分配,并编制辅助生产部门费用分配表。根据分配结果,将辅助生产部门费用分配记入"生产成本——基本生产成本""制造费用""管理费用""销售费用"等账户。

(4)基本生产车间制造费用的归集和分配

各基本生产车间的制造费用归集后,月末应分别不同车间编制制造费用分配表,将各车间的制造费用采用一定的分配方法分配计入本车间的产品成本中,记入"生产成本——基本生产成本"账户及其明细账。

(5)废品损失和停工损失的分配

有的企业单独核算废品损失和停工损失时,因出现废品、停工而发生的损失性费用,应该在以上步骤的费用分配中,记入"废品损失"和"停工损失"账户中。这些损失性费用扣除可以收到的保险赔偿、过失单位或个人的赔偿、回收残值后的净损失,按照损失产生的原因,应分配计入产品成本或其他项目。

(6)生产费用在完工产品和月末在产品之间的分配

经过上述步骤的费用审核和分配,各种产品应负担的生产费用已全部记入有关的产品成本明细账。如果当月某种产品全部完工,所归集的生产费用即为完工产品成本。如果当月某种产品全部未完工,所归集的生产费用即为月末在产品成本。如果当月某种产品部分完工、部分尚未完工,则需要采用一定的方法在完工产品与月末在产品之间分配生产费用,计算出本月完工产品成本,并将完工且验收入库的产成品成本从"生产成本——基本生产成本"账户及其明细账户转入"库存商品"账户及其明细账户。

(7)已销售产品成本结转和期间费用的结转

已销售产品的成本从"库存商品"账户及其明细账户转入"主营业务成本"账户及其明细账户。期末,将各项期间费用计入当期损益,以便计算企业利润。

【任务实施】

针对该企业的具体情况,企业应做好以下几点工作:

一、算管结合,算为管用

算管结合,算为管用就是成本核算应当与加强企业经营管理相结合,所提供的成本信息应当满足企业经营管理和决策的需要。

二、正确划分各种费用界限

第一,正确划分应否计入产品成本、期间费用的界限。

第二,正确划分生产费用与期间费用的界限。

第三,正确划分各个(月份)会计期间的费用界限。

第四,正确划分各种产品的费用界限。

第五,正确划分完工产品和在产品成本的界限。

以上五个方面费用界限的划分过程,也就是产品生产成本的计算和各项期间费用的归集过程。在这一过程中,应贯彻受益原则,即何者受益何者负担费用,何时受益何时负担费用;负担费用的多少应与受益程度的大小成正比。

三、正确确定财产物资的计价和价值结转的方法

企业财产物资计价和价值结转方法主要包括:固定资产原值的计算方法、折旧方法、折旧率的种类和高低,固定资产修理费用是否采用待摊或预提方法以及摊提期限的长短;固定资产与低值易耗品的划分标准;材料成本的组成内容、材料按实际成本进行核算时发出材料单位成本的计算方法、材料按计划成本进行核算时材料成本差异率的种类、采用分类差异时材料类距的大小等;低值易耗品和包装物价值的摊销方法、摊销率的高低及摊销期限的长短等。为了正确计算成本,对于各种财产物资的计价和价值的结转,应严格执行国家统一的会计制度。各种方法一经确定,应保持相对稳定,不能随意改变,以保证成本信息的可比性。

四、做好各项基础工作

1.做好定额的制定和修订工作。

2.建立和健全材料物资的计量、收发、领退和盘点制度。

3.建立和健全原始记录工作。

4.做好厂内计划价格的制定和修订工作。

五、适应生产特点和管理要求,采用适当的成本计算方法

由于企业生产工艺、生产组织和管理要求的不同,因而,各个企业在进行成本核算时,会选用不同的成本核算方法进行成本的核算与管理。但是,每个企业又必须根据生产特点和管理要求选择适合本企业的成本核算方法,以保证成本核算信息的正确性。

六、企业计算成本应遵循的原则

1.合法性原则。即计入成本的费用都必须符合法律、法令、制度等的规定。不合规定的费用不能计入成本。

2.可靠性原则。包括真实性和可核实性。真实性就是所提供的成本信息与客观的经济事项一致,不应掺假,或人为地提高、降低成本。可核实性指成本核算资料按一定的原则由不同的会计人员加以核算,都能得到相同的结果。真实性和可核实性是为了保证成本核算信息的正确可靠。

3.相关性原则。包括成本信息的有用性和及时性。有用性是指成本核算要为管理当局提供有用的信息,为成本管理、预测、决策服务。及时性是强调信息取得的时间性。及时的信息反馈,可及时地采取措施,改进工作。而这时的信息往往成为徒劳无用的资料。

4.分期核算原则。企业为了取得一定期间所生产产品的成本,必须将川流不息的生产活动按一定阶段(如月、季、年)划分为各个时期,分别计算各期产品的成本。成本核算的分期,必须与会计年度的分月、分季、分年相一致,这样可以便于利润的计算。

5.权责发生制原则。应由本期成本负担的费用,不论是否已经支付,都要计入本期成本;不应由本期成本负担的费用(即已计入以前各期的成本,或应由以后各期成本负担的费用),虽然在本期支付,也不应计入本期成本,以便正确提供各项的成本信息。

6.实际成本计价原则。生产所耗用的原材料、燃料、动力要按实际耗用数量的实际单位成本计算,完工产品成本的计算要按实际发生的成本计算。原材料、燃料、产成品的账户可按计划成本(或定额成本、标准成本)加、减成本差异,以调整到实际成本。

7.一致性原则。成本核算所采用的方法,前后各期必须一致,以使各期的成本资料有统一

的口径,前后连贯,互相可比。

8.重要性原则。对成本有重大影响的项目应作为重点,力求精确。而对于那些不太重要的琐碎项目,则可以从简处理。

七、企业成本核算方法应注意的问题

1.正确划分各种费用支出的界限,如收益支出与资本支出、营业外支出的界限,产品生产成本与期间费用的界限,本期产品成本和下期产品成本的界限,不同产品成本的界限,在产品和产成品成本的界限等。

2.认真执行成本开支的有关法规规定,按成本开支范围处理费用的列支。

3.做好成本核算的基础工作,包括:建立和健全成本核算的原始凭证和记录,制定合理的凭证传递流程;制定工时、材料的消耗定额,加强定额管理;建立材料物资的计量、验收、领发、盘存制度;制订内部结算价格和内部结算制度。

4.根据企业的生产特点和管理要求,选择适当的成本计算方法,确定成本计算对象、费用的归集与计入产品成本的程序、成本计算期、产品成本在产成品与在产品之间的划分方法等。方法有品种法、分批法和分步法,此外还有分类法、定额法等。

单元小结

●企业为生产一定种类和数量的产品所发生的各种生产耗费的总和,就称为该种产品的生产成本或制造成本,而劳务成本是指为企业提供一定种类和数量的劳务供应所发生的各种耗费的总和。

●成本是生产耗费的补偿尺度,成本是综合反映企业工作质量的重要指标,成本是制订产品价格的重要依据,成本是企业进行决策的重要依据。

●制造业企业成本会计的对象,包括产品成本和经营管理费用。其他行业成本会计的对象:商品流通企业、施工企业、交通运输企业、农业企业等其他行业企业成本会计的对象可以概括为各行业企业生产经营过程中发生的生产经营业务成本和经营管理费用,简称成本费用。

●成本会计的职能包括成本核算、成本分析、成本预测、成本决策、成本预算、成本控制、成本考核。

●成本核算的要求:第一,严格执行国家规定的成本开支范围和费用开支标准;第二,正确划分各项费用支出的界限;第三,做好成本核算的基础工作;第四,选择适当的成本计算方法。

●成本核算的一般程序:第一,审核生产过程中发生的费用;第二,要素费用的归集和分配;第三,辅助生产部门费用的归集和分配;第四,基本生产车间制造费用的归集和分配;第五,废品损失和停工损失的分配;第六,生产费用在完工产品和月末在产品之间的分配;第七,已销售产品成本结转和期间费用的结转。

●成本核算的账户设置:生产成本、制造费用、废品损失、停工损失、销售费用、管理费用、财务费用等。

●费用的基本分类:费用按其经济内容分类包括外购材料、外购燃料、外购动力、职工薪酬、折旧费、利息支出、税金、其他费用等;费用按其经济用途分为计入产品成本的生产费用和不计入产品成本的经营管理费用(即期间费用),其中计入产品成本的生产费用按其经济用途不同分类的项目,称为产品成本项目(包括直接材料、燃料及动力、直接人工、制造费用);生产费用还有其他分类,按其与生产工艺的关系分为直接生产费用和间接生产费用,按其计入产品成本的方法分为直接计入费用(直接费用)和间接计入费用(间接费用),按其与产品产量的关系分为变动费用和固定费用。

闯关考验

一、知识思考

1. 简述成本的经济实质和作用。
2. 制造业企业的成本会计对象有哪些?
3. 成本核算的一般程序是什么?
4. 成本的总分类核算应设置哪些会计科目?
5. 在进行成本核算时应正确划分哪几个成本费用的界限?

二、技能测试

某基本生产车间生产甲、乙、丙三种产品,共计生产工时 25 000 小时,其中:甲产品 5 000 小时,乙产品 10 000 小时,丙产品 10 000 小时。本月发生各种间接费用如下:

(1)以银行存款支付劳动保护费 2 400 元;

(2)车间管理人员工资 3 000 元;

(3)按车间管理人员工资的 14% 提取福利费;

(4)车间消耗材料 2 000 元;

(5)车间固定资产折旧费 1 800 元;

(6)预提修理费 800 元;

(7)本月摊销保险费 600 元;

(8)辅助生产成本(修理、运输费)转入 1 400 元;

(9)以银行存款支付办公费、水电费、邮电费及其他支出等共计 1 880 元。

要求:根据上述资料编制制造费用发生和分配的会计分录("基本生产成本"列明细账)。

三、理论测试

(一)单选题

1. 产品成本是指企业生产一定数量产品所支出的各项(　　　　)之和。

A. 生产费用　　　　　B. 生产成本　　　　　C. 生产资料　　　　　D. 全部费用

2. 成本会计最基本的职能是(　　　　)。

A. 成本控制　　　　　B. 成本核算　　　　　C. 成本监督　　　　　D. 产品定价

3. 下列不构成产品制造成本的项目是(　　　)。

A. 直接材料　　　　　B. 直接人工　　　　　C. 管理费用　　　　　D. 制造费用

4. 在企业生产产品成本中,"直接人工"项目不包括(　　　)。

A. 直接参与生产的工人的工资　　　　　B. 按生产工人工资计提的福利费

C. 直接参加生产的工人的计件工资　　　D. 企业行政管理人员工资

5. 成本会计的对象是(　　　)。

A. 产品成本的形成过程

B. 各种生产费用的归集和分配

C. 各行业企业生产经营业务的成本和有关的期间费用

D. 制造业的成本

6. 用于生产产品构成产品实体的原材料费用,应计入下列(　　　)账户。

A. 基本生产成本　　　B. 营业费用　　　　　C. 制造费用　　　　　D. 管理费用

7. 用于筹集生产经营所需资金的费用,称为(　　　)。

A. 管理费用　　　　　B. 财务费用　　　　　C. 生产成本　　　　　D. 生产费用

8. 下列各项中,不计提折旧的有(　　　)。

A. 当月报废停用的固定资产　　　　　B. 未使用的房屋

C. 当月开始使用的设备　　　　　　　D. 以经营租赁方式租出的固定资产

9. 下列各项中,不应计入废品损失的是(　　　)。

A. 不可修复废品的生产成本　　　　　B. 可修复废品的生产成本

C. 用于修复废品的人工费用　　　　　D. 用于修复废品的材料费用

10. 进行预提费用的核算,是为了正确划分(　　　)。

A. 管理费用和营业成本的界限　　　　B. 生产费用和期间费用的界限

C. 各个月份费用的界限　　　　　　　D. 各种产品费用的界限

(二)多选题

1. 属于制造业企业成本核算中使用的会计账户有(　　　)。

A. 基本生产成本　　　B. 辅助生产成本　　　C. 制造费用　　　　　D. 营业外支出

2. 为了正确计算产品成本,须正确划分(　　　)方面的费用界线。

A. 盈利产品和亏损产品　　　　　　　B. 生产费用和期间费用

C. 各个会计期间　　　　　　　　　　D. 完工产品和在产品

3. 下列各项中,属于当月应计提折旧的固定资产有(　　　)。

A. 闲置的厂房　　　　　　　　　　　B. 以经营租赁方式租入的设备

C. 超龄使用的设备　　　　　　　　　D. 月份内报废的设备

4. 下列各项中,计入产品成本的费用是(　　　)。

A. 直接材料的费用　　　　　　　　　B. 辅助车间管理人员的工资

C. 车间厂房折旧费　　　　　　　　　D. 厂部办公楼折旧费

5. 一般来说,企业应根据本单位(　　　)等具体情况与条件来组织成本会计工作。

A. 生产规模的大小　　　　　　　　　B. 生产经营业务的特点

C. 成本计算方法　　　　　　　　　　　D. 企业机构设置

6. 下列各项中,不应计入产品成本的费用有(　　　　)。

A. 车间办公费　　　　　　　　　　　B. 季节性停工损失

C. 企业行政管理人员工资　　　　　　D. 厂部办公楼折旧费

7. 下列项目中,属于工资总额组成内容的有(　　　　)。

A. 差旅费　　　　　B. 津贴　　　　　C. 职工福利　　　　　D. 交通补助

8. 制造企业一般设置的产品成本项目是(　　　　)。

A. 直接材料　　　　　B. 直接人工　　　　　C. 燃料及动力　　　　　D. 制造费用

9. 使当期生产费用与当期完工产品不一致的原因有(　　　　)。

A. 存在期初在产品　　　　　　　　　B. 存在月末在产品

C. 既有期初在产品又有月末在产品　　D. 都没有在产品

10. 企业最常用的辅助费用分配法是(　　　　)。

A. 直接分配法　　　　B. 交互分配法　　　　C. 代数分配法　　　　D. 顺序分配法

(三)判断题

1. 生产费用是企业为生产产品而发生的各项支出。　　　　　　　　　　　　(　　　)

2. 费用界限的划分过程实际上就是产品成本计算过程。　　　　　　　　　　(　　　)

3. 产品成本构成要素等同于要素费用。　　　　　　　　　　　　　　　　　(　　　)

4. 凡是支付给职工的款项都构成企业的工资总额。　　　　　　　　　　　　(　　　)

5. "直接材料"项目所归集的费用,均属于直接生产费用。"制造费用"项目所归集的费用,均属于间接费用。　　　　　　　　　　　　　　　　　　　　　　　　　　　　　(　　　)

6. 无论采用什么方法对制造费用进行分配,"制造费用"科目月末都没有余额。(　　　)

7. 商业折扣是债权人为鼓励债务人在规定期限内付款而向其提供的债务扣除。(　　　)

8. 辅助生产费用的交互分配法只需进行一次分配。　　　　　　　　　　　　(　　　)

9. 按月薪计算计时工资时,不必考虑当月的日历天数。　　　　　　　　　　(　　　)

10. 一致性原则是指企业在进行成本核算时所采取的会计政策要前后期一致。(　　　)

四、拓展实训

实训题一

实训课题:要素费用核算

实训目的:掌握材料、人工、外购动力等要素的分配方法与账务处理。

实训组织:每位同学均须掌握生产费用要素核算工作。

实训内容:

(一)实训资料

某工业企业9月26日通过银行支付外购动力费用24 000元。9月末查明各车间、部门耗电度数为:基本生产车间耗电35 000度,其中车间照明用电5 000度;辅助生产车间耗电8 900度,其中车间照明用电1 900度;企业管理部门耗6 000度。该月应付外购电力费共计24 950元。

（二）实训要求

（1）按所耗电度数分配电力费用，A、B 产品按生产工时分配电费。A 产品生产工时为 36 000 小时，B 产品生产工时为 24 000 小时。

（2）编制该月支付外购电费的会计分录。

（3）编制该月分配外购电费的会计分录。

（该企业基本车间明细账设有"燃料及动力"成本项目；辅助生产车间明细账设有"燃料及动力"成本项目，且辅助车间设"制造费用"明细账；所编分录列示到成本项目。）

实训考核：

考核标准					
序号	考核项目	评分标准			
		A(100%)	B(80%)	C(60%)	D(0)
1	态度(50分)	保质保量完成	书写工整	书写不工整	未写或互相抄袭
2	质量(50分)	规范、符合实际	基本符合实际	—	未搞清所布置的问题
评价方式：学生互评，教师总评					
评分	学生	点评：		得分：	总 分
	教师	点评：		得分：	

实训题二

实训课题：辅助生产费用核算

实训目的：掌握辅助生产费用的各种分配方法及账务处理。

实训组织：每位同学均须掌握。

实训内容：

（一）实训资料

某工业企业设有供电和供水两个辅助生产车间，某年 10 月份供电车间供电 29 000 度，全月发生的生产费用为 17 400 元；供水车间供水 12 500 吨，全月发生的生产费用为 8 500 元。水电均为一般消耗用。其有关的受益单位和受益数量如下表所示。

某企业辅助生产劳务提供情况

受益单位	供电数量(度)	供水车间(吨)
供电车间		2 500
供水车间	4 000	
基本生产车间	20 000	9 000
行政管理部门	5 000	1 000
合 计	29 000	12 500

（二）实训要求

请分别采用直接分配法、交互分配法对辅助生产费用进行分配，编制辅助生产费用分配表并编制的相应的会计分录(计算分配率时保留 4 位小数)。

(1)直接分配法。

分　配　表

项　目		供电车间	供水车间	合　计
待分配辅助生产费用(元)				
供应辅助生产以外的劳务数量				
单位成本(分配率)				
基本生产车间	耗用数量			
	分配金额			
行政管理部门	耗用数量			
	分配金额			

(2)交互分配法。

分　配　表

项　目		供电车间		供水车间		合　计
		数量	分配额	数量	分配额	
待分配生产费用						
交互分配	辅助生产——供电					
	辅助生产——供水					
对外分配的辅助生产费用						
对外分配	基本生产车间					
	行政管理部门					

供电车间对内调整分配率＝

　　对外分配率＝

供水车间对内调整分配率＝

　　对外分配率＝

实训考核:

考核标准					
序号	考核项目	评分标准			
		A(100%)	B(80%)	C(60%)	D(0)
1	态度(50分)	保质保量完成	书写工整	书写不工整	未写或互相抄袭
2	质量(50分)	规范、符合实际	基本符合实际	—	未搞清所布置的问题
评价方式:学生互评,教师总评					
评分	学生	点评:		得分:	总　分
	教师	点评:		得分:	

单元二　产品成本计算的基本方法

- ●了解各项费用要素归集与分配的关系
- ●了解在产品的含义及在产品数量的确定方法
- ●了解管理要求对成本计算方法的影响
- ●理解各项费用各种分配方法的优缺点和适用范围
- ●理解在产品数量与产品成本计算的关系
- ●理解生产类型的特点及其对成本计算方法的影响
- ●掌握各成本构成要素的分配方法和费用分配表的编制方法
- ●掌握产品成本在完工产品和在产品之间的分配方法
- ●掌握各产品成本计算的基本方法

- ●熟悉运用各种方法解决各要素费用的分配问题
- ●正确编制各要素费用分配表
- ●根据有关费用分配表及其他有关资料编制会计分录
- ●根据在产品盘亏资料编制在产品盈亏的会计分录
- ●根据月末在产品的特点选择不同的分配方法将产品成本在完工产品与在产品之间进行正确分配
- ●根据不同的生产类型特点选择适当的成本计算方法
- ●能运用各种产品成本计算的基本方法解决企业的成本计算

　　本单元是在前一单元对成本核算要求和一般程序阐述的基础上,结合不同企业生产特点和进行成本管理的要求,对实际工作中采用的各种成本计算方法进行了概括阐述。企业因产品生产类型的特点和管理要求的不同,存在着三种不同的成本计算对象,即产品的品种、批次和生产步骤。本单元的重点就是分别对产品成本计算的品种法、产品成本计算的分批法、产品成本计算的分步法这三种方法的特点和计算程序进行阐述。

任务三　产品成本计算的品种法

2-3

【任务布置】

腾飞企业生产某产品,9月份月初在产品成本为:直接材料费用1 080元,直接人工1 520元,制造费用1 100元。本月生产费用为:直接材料费用39 580元,直接人工58 960元,制造费用22 300元,9月份完工产品240件,月末在产品200件,在产品的完工程度为60%,该产品所耗直接材料在生产开始时投入全部材料的70%,当加工程度达到80%时,再投入其余30%的直接材料。

请帮助该企业采用约当产量比例法计算该产品完工产品成本和月末在产品成本。

【知识准备】

3.1　成本计算品种法的基本内容

企业应根据自身的生产经营特点,包括生产组织特点和生产工艺特点及成本管理的要求,选择合适的成本计算方法。但无论企业选择什么成本计算方法,最终都归集于按产品的品种计算产品成本,因此,品种法是成本计算的基本方法。

1. 品种法的特点

品种法是以产品品种为成本计算对象,按产品品种归集生产费用和计算产品成本的一种计算方法。

根据成本计算对象、成本计算期和期末对在产品成本的处理等方面,将品种法的特点归纳如下:

①成本计算对象是产品品种,并按此设置成本明细账。如果企业只生产一种产品,就按该产品设置生产成本明细账,按成本项目设专栏,企业所发生的生产费用全部是直接费用,可根据相关的原始凭证将生产费用直接记入生产成本明细账的相关成本项目中,不存在生产费用在各产品间的分配;如果企业生产多种产品,则分别按每种产品设置生产成本明细账,发生的直接费用直接记入各相应产品的明细账中,如果共同涉及几种产品的间接费用,就要采用适当的分配方法记入相关的产品明细账中。

②成本计算期定期(一般按月)进行,它与会计报告期一致。由于品种法主要是用于大批量、连续式生产的企业,其产品成本的计算不可能在产品全部或部分完工时进行,只能定期在月末计算当月完工产品的成本。因此,它与会计报告期一致,与生产周期不一致。

③月末在产品成本的计算。如果产品生产周期短,月末没有在产品或在产品数量很少,可以不计算在产品成本,则本月各产品成本明细账中归集的生产费用为完工产品成本;如果在大批量多步骤生产的企业,由于产品是不断地产出,而成本计算期是固定的,因此月末必定会有在产品的存在,那么就将本期发生的生产费用在完工产品和在产品之间进行分配。

2.品种法的适用范围

品种法在工业企业中得到广泛的应用,它适用于大量大批单步骤生产的企业,如供水、供电、供气、铸造、采掘等。这些企业工艺生产过程简单,不断重复生产相同的产品,因而产品成本计算不能按产品的生产步骤或产品批别来进行,只能按产品品种来归集。同时,品种法也适用于生产工艺复杂的大量大批多步骤生产,但管理上不要求分步骤计算产品成本的企业,如造纸、纺织、制砖等企业。

3.品种法的核算程序

产品成本计算程序是规范生产费用汇总和分配的过程。采用品种法时,生产费用的汇总与分配,其繁简程度与产品品种的多少有关。

(1)单品种的生产

企业只生产一种产品,只需为其设置一张生产成本计算单,按成本项目归集当月发生的全部生产费用。为简化核算工作量,可以将生产成本明细账和成本计算单合并起来,即"账单合一",按成本项目开设专栏,归集和分配生产费用,月末在明细账内计算和登记完工产品总成本和单位成本。

(2)多种产品的生产

①开设成本明细账。对每一产品开设相应的成本明细账,并按成本项目归集各产品应承担的费用。对于有月初在产品成本的产品,还应将月初在产品成本登记在产品成本明细账中。

②归集和分配各项生产费用。根据生产过程中发生的各项费用的原始凭证和有关资料,编制各种费用分配表,分配各项费用要素,登记各种明细账。

③分配辅助生产费用。根据"辅助生产成本明细账"中归集的生产费用,采用适当的分配方法,编制辅助生产费用分配表,分配辅助生产费用,并登记相关的成本费用明细账。

④分配制造费用。根据"制造费用明细账"中归集的费用,采用适当的方法,月末编制制造费用分配表,登记到相关的成本明细账中。

⑤将生产成本在本月完工产品和在产品之间进行分配。月末,如果有在产品,且数量较大,则采用一定的方法,将生产费用在完工产品和在产品之间进行分配,从而计算完工产品的成本;如果本月没有在产品或在产品数量很少,则本月发生的生产费用为本月完工产品的成本。

⑥编制完工产品成本计算单,结转完工产品成本。

3.2　材料费用的归集与分配

1.材料的组成

(1)原材料

材料是工业企业生产加工的劳动对象,是产品生产中必不可少的物质要素。凡在生产中直接取之于自然界的劳动对象(如各种矿石),被称为原料;以经过工业加工的产品作为劳动对象(如各种钢材),被称为材料。在实际工作中把两者合称为原材料,简称材料。

原料及主要材料是指经过加工后构成产品实体的各种原料和材料,如冶金企业炼铁耗用的矿石、纺织企业纺纱耗用的原棉等;半成品(即材料)对购入企业来说,同原料一样都是劳动对象,在继续加工中构成产品的主要实体,因而也列入此类,如机械制造企业使用的钢材、纺织企业织布耗用的棉纱等。

（2）辅助材料

辅助材料是指直接用于生产过程,有助于产品形成或便于生产进行但不构成产品实体的各种材料。辅助材料在生产中发挥的作用不同,有的为劳动工具所耗费,如维护机器设备用的机油和防锈剂等;有的与主要材料相结合有助于产品形成,如漂白粉、催化剂、油漆、染料等;有的为正常劳动创造条件,如各种清洁用具和照明用具等。

（3）燃料

燃料是指在生产过程中用来燃烧发热的各种材料,包括固体燃料、气体燃料和液体燃料,如煤、天然气、汽油。燃料按其在生产中所起的作用来看,也属于辅助材料,但由于它在企业生产过程中的消耗量大,对现代化生产来说作用较大,故单列一类,以便于管理和核算。如固体的煤、焦炭;液体的汽油、柴油;气体的天然气等。

（4）动力

动力是指在生产过程中耗用的电力、热力等。如外购的电力、蒸汽等。

（5）外购半成品

外购半成品是指企业从外部购入的需要进行加工或装配于企业产品上的各种半成品或零配件。如织造厂外购的棉纱、生产汽车用的轮胎等。

（6）周转材料

周转材料包括低值易耗品和包装物。低值易耗品是指单位价值或使用年限在规定限额以下的劳动工具或资料;包装物是指为了包装本企业产品,随同产品一同出售或在销售过程中租、借给购货单位使用的各种包装物品,如箱、桶、瓶、袋等,但不包括包装用的一般零星材料,如纸张、绳子、铁丝等。

（7）其他材料

其他材料是指企业在生产过程中消耗的不属于上述各类的其他材料。

2.原材料费用的归集与分配

构成产品实体并能直接确定归属对象的材料费,应直接计入各产品成本明细账的"直接材料"成本项目;对于几种产品共同耗费的间接材料费,应选择适当的分配标准分配计入各产品成本明细账的"直接材料"成本项目。

材料费用分配标准很多,可以以产品的产量、重量、体积等为分配标准,在材料消耗定额比较准确的情况下,原材料费用可以以定额消耗量比例或定额消耗费用比例为分配标准。

（1）材料费用分配方法

①定额耗用量比例分配法。

定额耗用量比例分配法是以各种产品的材料消耗总定额为标准,来分配直接材料费用的方法。采用定额耗用量比例分配法,要求企业各种产品的材料消耗,都制订有比较先进和合理的消耗定额。定额耗用量比例分配法的计算公式如下:

某种产品定额消耗量=该种产品实际产量×产品单位消耗定额

材料费用分配率=应分配的材料费用总额÷全部产品的定额消耗量之和

某种产品应负担的材料费用=该种产品定额消耗量×材料费用分配率

注意,以上公式里的消耗定额是单位产品可以消耗的材料数量限额,定额消耗量是一定产量下按照消耗定额计算的可以消耗的材料数量总和。

【例 3-1】　宝盛公司 2017 年 5 月份生产甲、乙两种产品,共同耗用某种材料 12 000 千克,4 元/千克。甲产品的实际产量为 1 400 件,单件产品材料消耗定额为 4 千克;乙产品的实际产量为 800 件,单件产品材料消耗定额为 5.5 千克。试计算分配甲、乙产品各自应负担的材料费。

甲产品材料定额消耗量＝1 400×4＝5 600(千克)

乙产品材料定额消耗量＝800×5.5＝4 400(千克)

材料费用分配率＝12 000×4÷(5 600＋4 400)＝4.8

甲产品应分配的材料费用＝5 600×4.8＝26 880(元)

乙产品应分配的材料费用＝4 400×4.8＝21 120(元)

②定额耗用费用比例分配法。

按原材料定额耗用费用比例分配原材料费用,其计算分配的程序是:第一,计算各种产品原材料定额费用;第二,计算单位产品的原材料定额费用应分配原材料实际费用(即原材料费用分配率);第三,计算出各种产品应分配的原材料实际费用。其计算公式如下:

$$某种产品原材料定额费用＝该种产品实际产量×单位产品原材料费用定额$$

$$原材料费用分配率＝\frac{各种产品原材料实际费用总额}{各种产品原材料定额费用总额}×100\%$$

$$某种产品应分配的实际原材料费＝该种产品原材料定额费用×原材料费用分配率$$

【例 3-2】　宝盛公司生产甲、乙两种产品,共同领用 A、B 两种主要材料,共计 37 620 元。本月投产甲产品 150 件,乙产品 120 件。甲产品材料消耗定额:A 材料 6 千克,B 材料 8 千克;乙产品材料消耗定额:A 材料 9 千克,B 材料 5 千克。A 材料单价 10 元,B 材料单价 8 元。计算分配如下:

(1)甲、乙产品材料定额费用。

甲产品:

A 材料定额费用＝150×6×10＝9 000(元)

B 材料定额费用＝150×8×8＝9 600(元)

甲产品材料定额费用合计 18 600(元)

乙产品:

A 材料定额费用＝120×9×10＝10 800(元)

B 材料定额费用＝120×5×8＝4 800(元)

乙产品材料定额费用合计 15 600(元)

(2)材料费用分配率。

材料费用分配率＝37 620÷(18 600＋15 600)＝1.1

(3)甲、乙产品应分配材料实际费用。

甲产品应分配材料费用＝18 600×1.1＝20 460(元)

乙产品应分配材料费用＝15 600×1.1＝17 160(元)

直接用于产品生产、有助于产品形成的辅助材料,一般属于间接计入费用,应采用适当的分配方法分配以后,计入各种产品成本明细账的"直接材料"成本项目。对于消耗定额比较准确的辅助材料,与分配原材料费用方法基本相同,按照产品定额消耗量或定额费用的比例分配;对于与产品产量直接有联系的辅助材料,如包装材料可按产品产量比例分配;对于耗用在原材料上的辅助材料,如油漆、染料等可以按照原材料耗用量的比例分配。

直接用于产品生产、有助于产品形成的辅助材料,一般属于间接计入费用,应采用适当的分配方法分配以后,计入各种产品成本明细账的"直接材料"成本项目。对于消耗定额比较准确的辅助材料,与分配原材料费用方法基本相同,按照产品定额消耗量或定额费用的比例分配;对于与产品产量直接有联系的辅助材料,如包装材料可按产品产量比例分配;对于耗用在原材料上的辅助材料,如油漆、染料等可以按照原材料耗用量的比例分配。

各种材料费用的分配是通过编制材料费用分配表进行的,材料费用分配表是按车间、部门和材料的类别,根据归类后的领退料凭证和其他有关材料编制的。材料费用分配表的格式及举例详见表3-1。

表3-1　材料费用分配表

20××年9月　　　　　　　　　　　　　　　　金额单位:元

应借账户		成本或费用明细项目	间接计入			直接计入	合 计
			耗用材料/千克	分配率	分配额		
基本生产成本	甲产品	直接材料	490	150	73 500		73 500
	乙产品	直接材料	350	150	52 500	120 000	172 500
	小 计		840	150	126 000	120 000	246 000
辅助生产成本	供水车间	直接材料				1 200	1 200
	供电车间	直接材料				6 000	6 000
	小 计					7 200	7 200
制造费用	基本生产车间	修理费				500	500
		机物料消耗				9 500	9 500
	小 计					10 000	10 000
管理费用		机物料消耗				1 000	1 000
合 计					126 000	138 200	264 200

(2)材料费用分配表的编制及其账务处理

在实际工作中,材料费用的分配是通过编制材料费用分配表进行的。直接用于产品生产的各种原材料费用,应记入"生产成本——基本生产成本"账户及其所属明细账的"直接材料"成本项目;用于辅助生产的原材料费用,应记入"生产成本——辅助生产成本"账户及其所属明细账的费用(或成本)项目;基本生产车间一般耗用的原材料费用,应记入"制造费用"总账及其所属明细账;厂部管理耗用的原材料费用,记入"管理费用"账户;产品销售耗用的原材料费用,记入"销售费用"账户。

根据"材料费用分配表"编制会计分录如下:

借:基本生产成本——甲产品　　　　　　　　　　　　　　　　73 500
　　　　　　　　——乙产品　　　　　　　　　　　　　　　　172 500
　　辅助生产成本——供水　　　　　　　　　　　　　　　　　1 200
　　辅助生产成本——供电　　　　　　　　　　　　　　　　　6 000
　　制造费用　　　　　　　　　　　　　　　　　　　　　　　10 000
　　管理费用　　　　　　　　　　　　　　　　　　　　　　　1 000
　　贷:原材料　　　　　　　　　　　　　　　　　　　　　　　　264 200

3.燃料费用的分配

燃料实际上也是材料,燃料费用的分配与原材料费用的分配程序和方法相同。

在燃料费用占产品成本比重较大的情况下,产品成本明细账中应单独设置"燃料及动力"成本项目;存货核算应增设"燃料"一级账户;燃料费用分配表应单独编制。

在燃料费用占产品成本比重较小的情况下,产品成本明细账中无需单独设"燃料及动力"成本项目,应将燃料费用直接计入"直接材料"成本项目;存货核算中"燃料"可作为"原材料"账户的二级账户进行核算;燃料费用分配可在材料费用分配表中加以反映。

直接用于产品生产的燃料,在只生产一种产品或者是按照产品品种(或成本计算对象)分别领用,属于直接计入费用,可以直接计入各种产品成本明细账的"燃料及动力"成本项目;如果不能按产品品种分别领用,而是几种产品共同耗用的燃料,属于间接计入费用,则应采用适当的分配方法,在各种产品之间进行分配,然后再计入各种产品成本明细账的"燃料及动力"成本项目。分配标准可以按产品的重量、体积、所耗燃料的数量或费用,也可以按燃料的定额消耗量或定额费用比例等。

直接用于产品生产、专设成本项目的燃料费用,应记入"基本生产成本"账户的借方及其所属明细账的"燃料及动力"成本项目;直接用于辅助生产、专设成本项目的燃料费用,用于基本生产和辅助生产但没有专设成本项目的燃料费用,应记入"辅助生产成本"和"制造费用"账户的借方及其所属明细账有关项目;用于产品销售以及组织和管理生产经营活动的燃料费用则应记入"销售费用"和"管理费用"账户的借方及所属明细账有关项目。已领燃料总额,应记入"燃料"账户的贷方。不设"燃料"账户的,则记入"原材料"账户的贷方。

3.3　职工薪酬、折旧费及其他费用的归集与分配

1.职工薪酬的归集与分配

(1)职工薪酬的内容

职工薪酬是指企业为获得职工提供的服务而给予各种形式的报酬以及其他相关支出。职工薪酬包括以下几个方面:

①职工工资、奖金、津贴和补贴;

②职工福利费;

③医疗保险、工伤保险、生育保险和按照国务院《住房公积金管理条例》规定的基准和比例计提向住房公积金管理机构缴存的住房公积金;

④工会经费和职工教育经费;

⑤非货币性福利;

⑥因解除与职工的劳动关系给予的补偿;

⑦其他与获得职工提供的服务相关的支出。

(2)职工薪酬的原始记录

企业要进行职工薪酬的核算,必须要有正确、完整的原始记录作为依据。不同的工资制度所依据的原始记录不同。企业应按每个职工设置"工资卡",内含职工姓名、职务、工资等级、工资标准等资料。企业工资薪酬的主要原始记录包括考勤记录和产量记录。

①考勤记录。

考勤记录是登记职工出勤和缺勤情况的记录,它是分析考核职工工作时间利用情况的原始记录和计算计时工资的重要依据。考勤的方法有考勤簿、考勤卡片(考勤钟打卡)、考勤磁卡(刷卡)等形式。

②产量记录。

产量记录又称产量工时记录,是登记工人或生产小组在出勤时间内完成产品的数量、质量和耗用工时的原始记录。它是计算计件工资的依据,也是为在各种产品之间与工时有关的费用提供合理分配标准,还是反映在产品在生产过程中转移情况、加强在产品实物管理的依据。产量记录的内容和形式是多种多样的,比如工作通知单、工序进程单和工作班产量记录、产量通知单等。

考勤记录和产量记录是计算应付工资的主要原始记录,也是归集工资费用、分配工资费用的基础。

(3)职工薪酬的计算

企业可采用不同职工薪酬制度,其中最基本的工资制度是计时工资和计件工资制度。计算出应付给每一位职工的薪酬后,汇总确定总数,并按用途和发生地点进行分配。

①计时工资的计算。

计时工资是根据考勤记录和规定的工资标准计算每个职工的应得工资额。工资标准按其计算时间的不同,有按月计算的月薪,称月薪制;有按日计算的日薪或按小时计算的小时工资,称日薪制或小时工资制。在月薪制下,不论各月日历天数多少,不论各月星期六、星期日和法定假日多少,每月的标准工资相同。企业固定职工的计时工资一般采用月薪制计算。在日薪制下,是按出勤天数计算工资,每日工作时数为8小时,如果每日工作不满8小时,还应根据日标准工资计算小时工资率。企业临时职工的计时工资大多按日薪制计算,也有按小时工资计算的。

a.月薪制。

按月计算工资,不考虑当月的实际天数,只要职工出全勤,就可得到固定的月标准工资,如有缺勤,应按规定的标准扣工资。计算公式如下:

$$应付计时工资 = 月标准工资 - 缺勤应扣工资$$
$$缺勤应扣工资 = 缺勤天数 \times 日工资 \times 应扣比例$$

计算缺勤应扣工资时,事假和旷工缺勤按100%的比例扣发工资;因工伤、婚丧、产假而缺勤不扣发工资;非因工负伤、病假缺勤,按劳动部门发布的《劳动保险条例实施细则修正草案》的规定比例确定扣发工资。

日工资又称日工资率,是指每位职工每日应得的平均工资,由月标准工资扣除以每月应出勤天数计算。每月应出勤天数计算方法有两种:

其一,按照国家规定全年法定工作日数月平均数:

$$(365 - 104 - 11) \div 12 = 20.83(天)$$

日标准工资 = 月标准工资 ÷ 20.83

其二,按照全年日历天数数月平均数:

$$365 \div 12 = 30.4(天)$$

日标准工资 = 月标准工资 ÷ 30

在按 30 天计算日工资率的企业中,由于节假日也算工资,因而出勤期间的节假日,也按出勤日计算工资,事假、病假等缺勤期间的节假日,也按出勤日扣工资。在按 20.83 天计算日工资率的企业中,节日计算工资,假日不算、不扣工资。

【例 3-3】 宝盛公司职工王强的月工资标准为 840 元。8 月份 31 天,事假 4 天,病假 2 天,星期休假 10 天,出勤 15 天。根据该职工的工龄,其病假工资按工资标准的 90% 计算。该职工病假和事假期间没有节假日。试计算该职工本月应得工资。

(1)按 30 天计算日工资率。

日工资率＝840÷30＝28(元)

该职工本月应得工资＝840－4×28－2×28×(1－90%)＝840－112－5.6＝722.40(元)

(2)按 20.83 天计算日工资标准。

日工资标准＝840÷20.83＝40.33(元)

该职工本月应得工资＝840－4×40.33－2×40.33×10%＝670.61(元)

从以上计算结果可以看出,每种方法计算结果都不一样,各有利弊。按 20.83 天计算日工资率,假日不计算工资,更能体现按劳分配原则;而在一般情况下,企业职工的出勤天数总比缺勤天数多,计算缺勤工资更容易,所以按 20.83 天计算日工资率采用月薪制扣除缺勤工资的方法相对来说更合理一些。

b.日薪制。

按职工的出勤天数和日工资计算应付工资的方法,病假应按发放工资比例计算应付工资。

$$应付计时工资＝出勤天数×日工资＋病假应得工资$$

$$病假应得工资＝病假天数×日工资×应发比例$$

②计件工资的计算。

计件工资是根据规定的计件单价和完成的合格品数量计算的工资。计件工资的计算有个人计件工资的计算和集体计件工资的计算两种。

a.个人计件工资的计算。个人计件工资是根据产量记录中登记的每一工人的产品产量,乘以规定的计件单价计算。个人计件工资的计算公式如下:

$$应付计件工资＝\sum(某工人本月生产每种产品产量×该种产品计件单价)$$

$$产品产量＝合格品数量＋料废品数量$$

其中,料废品是指非工人本人过失造成的不合格产品,应计算并支付工资;工废品是指由于本人过失造成的不合格产品,不计算、支付工资。

$$某种产品计件单价＝生产单位产品所需的工时定额×该级工人小时工资率$$

【例 3-4】 明辉制造厂甲、乙两种产品都应由 8 级工人加工。甲产品单件工时定额为 30 分钟,乙产品单件工时定额为 45 分钟。8 级工人的小时工资率为 2 元。某 8 级工人加工甲产品 500 件,乙产品 400 件。要求计算其计件工资。

甲产品的计件单价＝生产单位产品所需的工时定额×该级工人小时工资率

＝30÷60×2＝1(元)

乙产品的计件单价＝45÷60×2＝1.5(元)

应付计件工资＝500×1＋400×1.5＝1 100(元)

b.集体计件工资的计算。按生产小组等集体计件工资的计算方法与个人计件工资的计算基本相同。集体计件工资还需在集体内部各工人之间进行分配,一般应以计时工资和实际工作时数比例进行分配。

第一种方法：按计时工资为分配标准分配集体计件工资，计算公式如下：

$$工资分配率＝集体计件工资总数÷集体计时工资总数$$
$$个人应得计件工资＝个人应得计时工资×工资分配率$$

分配标准计时工资总数应等于集体成员每人小时工资乘以每人实际工作小时得到。

第二种方法：按实际工作时数为分配标准，分配集体计件工资，计算公式如下：

$$工资分配率＝集体计件工资总数÷集体实际工作小时合计$$
$$个人应得计件工资＝个人实际工作小时×工资分配率$$

【例 3-5】 兴旺制造厂第一车间 11 月份生产甲产品 1 800 件，废品 40 件，其中，料废品 10 件，该产品计件单价为 6.35 元；生产乙产品合格数量为 1 100 件，该产品计件单价为 4.98 元，小时工资率按 20.83 天计算；实际工作时数、小时工资、工资等级见表 3-2。

表 3-2　兴旺制造厂第一车间相关资料

单位：元

姓　名	工资等级	小时工资	实际工作时数
李明	7	9.60	148
王亮	6	8.10	168
孙刚	6	8.10	150
刘鹏	5	7.30	168
张洪	2	4.50	152
合　计			786

首先，计算第一车间 11 月份应得计件工资。

集体应得计件工资＝(1 800＋10)×6.35＋1 100×4.98＝16 971.5(元)

其次，将第一车间 11 月份应得计件工资在集体成员之间进行分配。

第一种方法：按计时工资为标准分配，见表 3-3。

表 3-3　按计时工资标准分配

单位：元

姓　名	小时工资	实际工作时数	计时工资	分配率	应得计件工资
李明	9.60	148	1 420.8		4 082.10
王亮	8.10	168	1 360.8		3 909.71
孙刚	8.10	150	1 215		3 490.82
刘鹏	7.30	168	1 226.4		3 523.57
张洪	4.50	152	684		1 965.3*
合　计		786	5 907	2.873 1	16 971.5*

* 表示尾插调整。

第二种方法，按实际工作时数标准分配，见表 3-4。

表 3-4 按实际工作时数标准分配

单位:元

姓　名	实际工作时数	分配率	实际工作时数
李明	148		3 195.65
王亮	168		3 627.49
孙刚	150		3 238.83
刘鹏	168		3 627.49
张洪	152		3 282.04*
合　计	786	21.592 2	16 971.5*

* 按实际工作时数标准分配。

(4)职工薪酬分配的核算

工资费用分配的依据是工资结算单、工资结算汇总表。表中含应付工资总额、代发款项、代扣款项、实发金额资料。月末,工资费用的分配以本月应付工资总额为准。若企业各月工资相差不多,为简化核算工作,也可按当月实际支付的工资额进行分配。

生产工人工资中的计件工资,属直接计入费用,应直接计入产品成本明细账;计时工资及其他工资一般属间接计入费用,应在各受益产品之间进行分配。分配标准为:产品的生产工时(实际工时或定额工时)。其分配公式如下:

$$生产工人工资分配率 = 生产工人工资总额 \div \sum 各产品实际(定额)工时$$

$$各种产品应分配的工资额 = 各产品实际(定额)工时 \times 分配率$$

【例 3-6】 红星制造厂第一车间、第二车间生产 W8160、W8170 两种产品,两车间 11 月份生产工人工资总数为 130 000 元,按实际生产工时比例进行分配,生产工时及消耗定额资料如表 3-5 所示。

表 3-5 生产工时及消耗定额

产品名称	实际生产工时(时)	材料消耗等额(千克/台)
W8160	5 000	120
W8170	3 000	100

分配率 = 130 000 ÷ 8 000 = 16.25

W8160 应负担生产工人工资 = 5 000 × 16.25 = 81 250(元)

W8170 应负担生产工人工资 = 3 000 × 16.25 = 48 750(元)

红星制造厂工资费用的分配是通过编制"工资费用分配表"来进行的,如表 3-6 所示。工资费用分配表应根据工资结算单、工资计算汇总表等有关资料编制。

表 3-6 红星制造厂工资费用分配表

2017 年 11 月 30 日

单位:元

借方科目		直接工资	生产工人工资			合　计
一级账户	明细账户		实际工时	分配率	分配金额	
基本生产成本	一车间(W8160)		5 000		81 250	81 250
	二车间(W8170)		3 000		48 750	48 750
小　计			8 000	16.25	130 000	130 000

| 借方科目 | | 直接工资 | 生产工人工资 | | | 合　计 |
一级账户	明细账户		实际工时	分配率	分配金额	
基本生产成本	二车间（W5320）	14 000				14 000
合　计						144 000
辅助生产成本	供水车间	700				700
	供电车间	4 000				4 000
小　计		4 700				4 700
制造费用	一车间	1 890				1 890
	二车间	1176				1 176
小　计		3 066				3 066
合　计		21 766				151 766

工资费用分配应按工资的用途分别计入有关成本、费用账户。生产工人的工资记入"基本生产成本"账户；车间管理人员工资记入"制造费用"账户；辅助生产部门人员工资记入"辅助生产成本"账户；行政管理部门人员工资记入"管理费用"账户；销售部门人员工资记入"销售费用"账户。根据例 3-6 中工资费用分配表编制会计分录如下：

借：基本生产成本——一车间（W8160）　　　　　　　　　　81 250
　　基本生产成本——二车间（W8170）　　　　　　　　　　48 750
　　基本生产成本——二车间（W5320）　　　　　　　　　　14 000
　　辅助生产成本——供水车间　　　　　　　　　　　　　　　700
　　辅助生产成本——供电车间　　　　　　　　　　　　　　4 000
　　制造费用——一车间　　　　　　　　　　　　　　　　　1 890
　　制造费用——二车间　　　　　　　　　　　　　　　　　1 176
　　贷：应付职工薪酬——工资　　　　　　　　　　　　　151 766

（5）"三险一金"及离职后福利的计提

根据国家社会和劳动保障部门的相关规定，按规定的计提比例依据工资总额计提"三险一金"，即医疗保险、工伤保险、生育保险和住房公积金，离职后福利即养老保险、失业保险，并进行会计处理。

红星制造厂 2017 年 11 月"三险一金"及离职后福利计提见表 3-7。

表 3-7　红星制造厂"三险一金"及离职后福利计提表
2017 年 11 月 30 日　　　　　　　　　　　　　　　　　单位（元）

| 借方科目 | | 工资总数 | 医疗保险（8%） | 工伤保险（0.8%） | 生育保险（0.8%） | 住房公积金（11%） | 失业保险（2%） | 养老保险（20%） | 合　计 |
一级账户	明细账户								
基本生产成本	一车间（W8160）	81 250	6 500	650	650	8 937.5	1 625	16 250	34 612.5
	二车间（W8170）	48 750	3 900	390	390	5 362.5	975	9 750	20 767.5
小　计		130 000	10 400	1 040	1 040	14 300	2 600	26 000	55 380

借方科目		工资总数	医疗保险(8%)	工伤保险(0.8%)	生育保险(0.8%)	住房公积金(11%)	失业保险(2%)	养老保险(20%)	合 计
一级账户	明细账户								
基本生产成本	二车间(W5320)	14 000	1120	112	112	1 540	280	2 800	5 964
辅助生产成本	供水车间	700	56	5.6	5.6	77	14	140	298.2
	供电车间	4 000	320	32	32	440	80	800	1 704
小 计		4 700	376	37.6	37.6	517	94	940	2 002.2
制造费用	一车间	1 890	151.2	15.12	15.12	207.9	37.8	378	805.14
	二车间	1 176	94.08	9.41	9.41	129.36	23.52	235.2	500.98
小 计		3 066	245.28	24.53	24.53	337.26	61.32	613.2	1 306.12
合 计		151 766	12 141.28	1 214.13	1 214.13	16 694.26	3 035.32	30 353.2	64 652.32

根据上述职工福利费用分配表,编制会计分录如下:

借:基本生产成本——一车间(W8160) 　　　　　　34 612.5

　　基本生产成本——二车间(W8170) 　　　　　　20 767.5

　　基本生产成本——二车间(W5320) 　　　　　　　5 964

　　辅助生产成本——供水车间 　　　　　　　　　　298.2

　　辅助生产成本——供电车间 　　　　　　　　　1 704

　　制造费用——一车间 　　　　　　　　　　　　805.14

　　制造费用——二车间 　　　　　　　　　　　　500.98

　　贷:应付职工薪酬——三险一金 　　　　　　　　　　31 263.8

　　　　应付职工薪酬——离职后福利 　　　　　　　　33 388.52

2.固定资产折旧费用的核算

我国目前采用的折旧计算方法,主要是使用年限法和工作量法。此外,现行会计制度允许采用双倍余额递减法、年数总和法等加速折旧法。应注意的是,固定资产月折旧额按月初固定资产的原值和规定的折旧率计算。即月份内开始使用的固定资产,当月不提折旧,从下月起计提折旧;月份内减少或停用的固定资产,当月仍计提折旧,从下月起停止计提折旧。

未使用和不需用的固定资产,以及以经营租赁方式租入的固定资产不计提折旧;已经提足折旧超龄使用的固定资产不再计提折旧;提前报废的固定资产,不补提折旧。房屋和建筑物由于有自然损耗,不论使用与否都应计提折旧;以融资租赁方式租入的固定资产应视同自有的固定资产计提折旧;季节性停用及大修理期间的固定资产应计提折旧。

折旧费用的分配一般通过编制折旧费用分配表进行。折旧费用一般应按固定资产使用的车间、部门分别记入"制造费用""管理费用"等账户。折旧总额应记入"累计折旧"账户的贷方。

3.其他费用的核算

其他费用是指除前述各项费用以外的其他费用,包括修理费、差旅费、租赁费、邮电费、劳动保护费、报刊费、办公费、排污费、外部加工费、业务招待费等。这些费用有的是产品成本的费用,有的是期间费用。属于产品成本的费用部分,没有专设的成本项目,在费用发生时,直接根据有关付款凭证,按照费用发生的车间、部门,分别计入"辅助生产成本""制造费用""管理费用"等账户。

3.4　辅助生产费用的归集与分配

工业企业生产车间按生产任务不同,可划分为基本生产车间和辅助生产车间两大类。基本生产车间以直接生产各种对外销售的产品为主要任务;辅助生产车间主要为基本生产车间和行政管理部门等提供劳务或产品。辅助生产车间根据所提供的劳务或产品的品种不同可以分为两类:一是只生产一种产品或提供一种劳务的辅助生产车间,如供电、供水、运输等辅助生产车间;二是涉及生产多种产品或提供多种劳务的辅助生产车间,如制造工具、模具、修理用备件以及修理机器设备等的辅助生产车间。

辅助生产车间提供劳务或生产产品所耗费的各种生产费用,构成了这些劳务或产品的成本,称为辅助生产费用。

对于耗用辅助生产车间提供的劳务或生产的产品的有关车间、部门来说,辅助生产费用是基本生产成本和经营管理费用的一个重要组成部分。辅助生产劳务成本的高低对于基本生产成本和经营管理费用的水平有着很大的影响,而且,只有辅助生产劳务成本确定以后,才能计算基本生产成本和经营管理费用。因此,及时、正确地进行辅助生产费用的归集和分配,对于企业降低成本、增加利润及准确计算产品成本,具有重要的意义。

1.辅助生产费用的归集

企业辅助生产部门在产品生产和劳务供应过程中发生的各种耗费,构成了这些产品或劳务的成本,而对于耗用这些产品或劳务的基本生产、内部管理、专职销售等部门来说,其产品或劳务的成本又构成一种费用,即辅助生产费用。由于辅助生产部门的主要生产任务是为企业基本生产和内部管理提供内部服务,很少有产品或劳务直接对外出售,所以其产品或劳务的成本(即辅助生产费用)必须由耗用这些产品或劳务的基本生产、内部管理、专职销售等部门来承担。将企业一定时期内发生的各项辅助生产费用采用合理的方法分配给相关耗用部门,是企业准确计算主要产品或劳务成本的前提。

为了归集所发生的辅助生产费用,应设置"辅助生产成本"科目,按辅助生产车间及其生产的产品、劳务的种类进行明细核算。

在生产一种产品或只提供一种劳务的辅助生产车间,应按车间分别设置"辅助生产成本"明细账,在账内按规定的成本项目设置专栏;在生产多种产品或提供多种劳务的辅助生产车间,除了要按车间分别设置"辅助生产成本"明细账外,还应按各种产品或劳务分别开设"成本计算单"科目。辅助生产车间当月发生的直接材料、直接人工等直接成本项目的费用,应分别根据材料费用分配表、工资及福利费用分配表和有关凭证,记入"辅助生产成本"账户及其明细账的借方。

其他费用可在"制造费用——辅助生产车间"明细账中进行核算,月末再转入"辅助生产成本"账户,并采用适当的分配标准,分配计入有关产品或劳务成本计算单中。一般来说,如果辅助生产车间规模较小,制造费用很少,而且辅助生产车间不对外提供商品生产或劳务时,为了简化核算工作,辅助生产车间的制造费用也可以不通过"制造费用"账户单独归集,而直接记入"辅助生产成本"账户。

2.辅助生产费用的分配

辅助生产车间为基本生产车间、其他辅助生产车间、行政管理部门等受益对象提供劳务,其发生的费用也应由上述受益对象负担。因此,工业企业的辅助生产费用归集之后,需要按照一定程序、采用适当方法在各受益对象之间进行合理分配,也就是将归集在"辅助生产成本"账户的辅助生产费用,在各受益对象之间按照其受益数量或比例进行分配,然后从"辅助生产成本"账户的贷方分别转入"基本生产成本"、"制造费用"、"管理费用"或"销售费用"账户的借方。

由于辅助生产车间提供劳务的种类和费用的分配程序不同,辅助生产费用分配应当采用不同的方法。在实际工作中,辅助生产费用的分配方法通常包括直接分配法、一次交互分配法、代数分配法、计划成本分配法和顺序分配法。

(1)直接分配法

直接分配法是指各辅助生产车间发生的费用,直接分配给除辅助生产车间以外的各受益对象,不考虑各辅助生产车间之间相互提供产品和劳务的情况。其计算公式如下:

$$某辅助生产车间费用分配率 = \frac{该辅助生产车间待分配费用}{该辅助生产车间对外提供劳务总量}$$

$$某受益对象应负担劳务费用 = 该受益对象耗用劳务量 \times 辅助生产车间费用分配率$$

【例 3-7】 晨曦制造厂的供电车间和机修车间成本总额分别为 28 730 元和 12 300 元,其供应的对象和数量如表 3-8 所示。

表 3-8 辅助生产车间劳动量汇总表

受益对象		供电(千瓦时)	机修(小时)
辅助生产部门	供电车间		200
	机修车间	400	
基本生产车间		9 500	2 500
行政管理部门		3 500	500
合 计		13 400	3 200

根据资料,用直接分配法计算各辅助生产部门的费用分配率如下:

供电车间费用分配率 = 28 730 ÷ 13 000 = 2.21(元/千瓦时)

机修车间费用分配率 = 12 300 ÷ 3 000 = 4.1(元/小时)

根据费用分配率计算的收益对象应负担的辅助生产成本,编制辅助生产费用分配表,如表 3-9 所示。

表 3-9 辅助生产费用分配表(直接分配法)

2017 年 11 月   单位:元

辅助生产部门名称			供电车间	机修车间	合 计
待分配费用			28 730	12 300	41 030
供应辅助生产部门以外单位的劳动量			13 000	3 000	
费用分配率(单位成本)			2.21	4.1	
应借账户	制造费用——基本生产车间	耗用劳务量	9 500	2 500	
		应分配金额	20 995	10 250	31 245
	管理费用	耗用劳务量	3 500	500	
		应分配金额	7 735	2 050	9 785
分配金额合计			28 730	12 300	41 030

根据辅助生产费用分配表编制会计分录如下:

借:制造费用——基本生产车间　　　　　　　　　　　　31 245

　　管理费用　　　　　　　　　　　　　　　　　　　　　9 785

　贷:辅助生产成本——供电车间　　　　　　　　　　　28 730

　　辅助生产成本——机修车间　　　　　　　　　　　　12 300

采用直接分配法,由于各辅助生产费用不在辅助生产车间之间分配,只是对外分配,计算简便。但当辅助生产车间相互提供产品或劳务量差异较大时,分配结果往往与实际不符。因此,这种方法只适用于辅助生产车间内部相互提供产品或劳务不多、不进行辅助生产费用的交互分配对产品成本影响不大的情况。

（2）交互分配法

交互分配法是先将各辅助生产车间发生的费用,在各辅助生产车间之间交互分配,再将各辅助生产车间交互分配后的实际费用直接分配给其他各受益单位的分配方法。计算步骤如下:

第一步,交互分配:

$$交互分配费用分配率=交互分配前待分配费用总额\div 该辅助生产单位提供的劳务总量$$

某辅助生产车间应负担的费用=该辅助生产车间受益数量×交互分配费用分配率

第二步,对外分配:

$$对外分配费用分配率=\left(交互分配前待分配费用总额+交互分配转入费用-交互分配转出费用\right)\div 该生产单位供应给辅助生产以外的劳务总量$$

某辅助生产以外部门应负担的费用=该生产单位或部门接受的劳务量×对外分配费用分配率

仍以例 3-7 资料编制交互分配法的辅助生产费用分配表,如表 3-10 所示。

表 3-10　辅助生产费用分配表（交互分配法）

2017 年 11 月　　　　　　　　　　　　　　　　单位:元

项　目			交互分配			对外分配		
辅助生产车间名称			供　电	机　修	合　计	供　电	机　修	合　计
待分配费用			28 730	12 300	41 030	28 641.15	12 388.85	41 030
劳务供应数量总额			13 400	3 200		13 000	3 000	
费用分配率			2.144	3.843 75		2.203	4.13	
应借账户	辅助生产成本	供电车间 数量		200				
		供电车间 金额		768.75	768.75			
		机修车间 数量	400					
		机修车间 金额	857.6		857.6			
		金额小计	857.6	768.75	1 626.35			
	制造费用	基本生产车间 数量				9 500	2 500	
		基本生产车间 金额				20 928.5	10 324	31 252.5
	管理费用	数量				3 500	500	
		金额				7 712.65	2 064.85	9 777.5
对外分配金额						28 641.15	12 388.85	41 030

根据辅助生产费用分配表编制会计分录如下:

第一步,交互分配分录:

借:辅助生产成本——供电车间 768.75
　　贷:辅助生产成本——机修车间 768.75
借:辅助生产成本——机修车间 857.6
　　贷:辅助生产成本——供电车间 857.6
第二步,对外分配分录:
借:制造费用——基本生产车间 31 252.5
　　管理费用 9 777.5
　　贷:辅助生产成本——供电车间 28 641.15
　　　　辅助生产成本——机修车间 12 388.85

采用交互分配法,辅助生产车间内部相互提供产品或劳务全部进行交互分配,从而提高了分配结果的正确性,但计算工作量较大。因此,该方法适用于各辅助生产车间之间相互提供劳务数量较大,又有必要全面反映各辅助生产车间费用的企业。

(3)代数分配法

代数分配法是在辅助生产车间之间相互提供产品或劳务的情况下,运用代数中多元一次方程式的原理计算辅助生产费用的单位成本,进而计算出各受益单位耗用费用的一种辅助生产费用的分配方法。这种分配方法分两步:先根据各辅助生产车间相互提供产品或劳务的数量,求解联立方程式,计算辅助生产产品或劳务的单位成本;再根据各受益单位耗用产品或劳务的数量和单位成本,计算分配辅助生产费用。仍以例3-7资料为例:

设 x 为每度电的成本,设 y 为每小时的修理成本,则设立方程组为:

$$28\ 730+200y=13\ 400x$$

$$12\ 300+400x=3\ 200y$$

解方程组得: $x=2.205\ 5$ (元), $y=4.118\ 5$ (元)

根据上述的计算结果,编制代数分配法的辅助生产费用分配表,如表3-11所示。

表3-11 辅助生产费用分配表(代数分配法)

2017年11月　　　　　　　　　　　　　　单位:元

辅助生产部门名称				供电车间	机修车间	合 计
待分配费用				23 730	12 300	41 030
劳务供应总量				13 400	3 200	
用代数法算出实际单位成本				2.205 5	4.118 5	
应借账户	辅助生产成本	供电车间	耗用数量		200	
			分配金额		823.7	823.7
		机修车间	耗用数量	400		
			分配金额	882.2		882.2
		分配金额小计		882.2	823.7	1 705.9
	制造费用	基本生产车间	耗用数量	9 500	2 500	
			分配金额	20 952.25	10 296.25	31 248.5
	管理费用		耗用数量	3 500	500	
			分配金额	7 719.25	2 059.25	9 778.5
	分配金额合计			29 553.7	13 179.2	42 732.9

注:辅助部门分配金额合计42 732.9元与待分配金额41 030元相差的1 705.9元,是由于两个辅助生产部门之间交互分配费用内部转账及单位成本的小数引起的。

根据辅助生产费用分配表编制会计分录如下：

借：辅助生产成本——供电车间　　　　　　　　　　　　　823.7

　　辅助生产成本——机修车间　　　　　　　　　　　　　882.2

　　制造费用——基本生产车间　　　　　　　　　　　　31 248.5

　　管理费用　　　　　　　　　　　　　　　　　　　　9 778.5

　　贷：辅助生产成本——供电车间　　　　　　　　　　29 553.7

　　　　辅助生产成本——机修车间　　　　　　　　　　13 179.2

（4）计划成本分配法

计划成本分配法是指辅助生产车间生产的产品或劳务，按照计划单位成本计算、分配辅助生产费用的方法。辅助生产为各受益单位提供的产品或劳务，一律按产品或劳务的实际耗用量和计划单位成本进行分配；辅助生产车间实际发生的费用（包括辅助生产交互分配转入的费用），与按计划成本分配转出的费用之间的差额，可以追加分配给辅助生产以外的各受益单位，为了简化计算工作，也可以全部记入"管理费用"账户。

仍以例3-7资料为例，若晨曦制造厂按计划成本分配辅助生产费用，计划单位成本供电车间为每度2.3元，机修车间为每小时3.8元，编制辅助生产费用分配表，如表3-12所示。

表3-12　辅助生产费用分配表（计划成本分配法）

2017年11月　　　　　　　　　　　　　　　　　　单位：元

项　　目		劳务供应	供电车间		机修车间		费用合计
			数量/度	费用	数量/小时	费用	
待分配费用				28 730		12 300	41 030
计划成本分配		计划单位成本		2.3		3.8	
	应借账户	辅助生产成本 供电车间			200	760	760
		辅助生产成本 机修车间	400	920			920
		辅助生产成本 小　计		920		760	1 680
		制造费用 基本生产车间	9 500	21 850	2 500	9 500	31 350
		管理费用	3 500	8 050	500	1 900	9 950
	按计划成本分配合计			30 820		12 160	42 980
辅助生产实际成本				29 490		13 220	42 710
成本差异分配		待分配成本差异额		−1 330		1 060	−270
		分配率		0.102 3		0.353 3	
	应借账户	制造费用 基本生产车间	9 500	−972	2 500	883	−89
		管理费用	3 500	−358	500	177	−181
	成本差异分配合计			−1 330		1 060	−270

根据辅助生产费用分配表编制会计分录如下：

借：辅助生产成本——供电车间　　　　　　　　　　　　　760

　　辅助生产成本——机修车间　　　　　　　　　　　　　920

　　制造费用——基本生产车间　　　　　　　　　　　　31 350

　　管理费用　　　　　　　　　　　　　　　　　　　　9 950

　　贷：辅助生产成本——供电车间　　　　　　　　　　30 820

　　　　辅助生产成本——机修车间　　　　　　　　　　12 160

成本差异分配的分录：

借：制造费用——基本生产车间　　　　　　　　　　　89

　　管理费用　　　　　　　　　　　　　　　　　181

　　贷：辅助生产成本——供电车间　　　　　　　　1 330

　　　　辅助生产成本——机修车间　　　　　　　　1 060

（5）顺序分配法

顺序分配法是指按照辅助生产车间相互提供劳务数额多少的顺序，依次排列分配辅助生产费用的方法。采用这种方法，将受益少的辅助生产车间排在前面，先进行分配；将受益多的辅助生产车间排在后面，后进行分配。这样，排列在前面的辅助生产车间将其发生的生产费用分配给排在后面的辅助生产车间，而排在后面的辅助生产车间发生的生产费用却不再分配给排在前面的辅助生产车间。排在后面的辅助生产车间的生产费用在进行分配时，应在原归集的生产费用的基础上，加上排在前面的辅助生产车间分配转入该辅助生产车间的生产费用，一并进行分配。这里的受益多少是指受益金额的大小，而不是指受益数量的多少。

仍以例 3-7 资料为例，若晨曦制造厂的两个辅助生产车间相互提供劳务，但供电车间耗用机修车间的修理工时较少，机修车间耗用供电车间的电较多，所以分配顺序为：供电车间分配给机修车间。根据这一顺序编制辅助生产费用分配表，如表 3-13 所示。

表 3-13　辅助生产费用分配表（顺序分配法）

2017 年 11 月　　　　　　　　　　　　　　　　单位：元

| 供应单位 | 应借账户 | 辅助生产成本 | | 制造费用 | 管理费用 | 合　计 |
		供电车间	机修车间	基本生产车间		
供电车间	供应数量	400	9 500	3 500		13 400
	直接费用					28 730
	待分配费用					28 730
	分配率					2.144 03
	分配金额	857.61	20 368.29	7 504.1		28 730
机修车间	供应数量		2 500	500		3 000
	直接费用					12 300
	待分配费用					13 157.61
	分配率					4.385 87
	分配金额		10 964.68	2 192.93		13 157.61
分配金额合计		857.61	31 332.97	9 697.03		41 887.61

注：机修车间待分配费用＝直接费用＋分入费用＝12 300＋857.61＝13 157.61（元）

根据辅助生产费用分配表编制会计分录如下：

借：辅助生产成本——机修车间　　　　　　　　　857.61

　　制造费用——基本生产车间　　　　　　　　31 332.97

　　管理费用　　　　　　　　　　　　　　　9 697.03

　　贷：辅助生产成本——供电车间　　　　　　　　28 730

　　　　辅助生产成本——机修车间　　　　　　　13 157.61

3.5　制造费用的归集和分配

制造费用是指企业生产单位(分厂、车间)为生产产品和提供劳务而发生的各项间接费用。它主要包括生产单位管理人员工资及福利费,生产单位房屋、建筑物、机器设备等的折旧费和修理费,固定资产租赁费,机物料消耗,低值易耗品摊销,取暖费,水电费,办公费,差旅费,运输费,保险费,设计制图费,试验检验费,劳动保护费,季节性停工损失及其他制造费用。

制造费用应当按照费用发生的地点和费用项目归集。计入产品成本构成项目中的制造费用,只指企业基本生产单位(分厂、车间)所发生的制造费用。企业辅助生产单位发生的制造费用,应当单独归集,计入辅助生产成本。

产品成本项目中的直接材料费用和直接人工费用,是单一性费用,这两个成本项目称为要素费用项目;制造费用属于间接费用,包含的内容较多,是综合性费用,制造费用项目属于综合费用项目。制造费用中大部分为一般费用,但也有些属于基本费用,如机器设备的折旧费、修理费等。制造费用项目中有些与产品产量的变动有关,但多为固定费用。因此,制造费用一般不按业务量制订定额,而是按会计期间(月度、季度、半年度、年度)制订制造费用预算,控制制造费用总额。

为了归集制造费用,控制制造费用总额,正确计算产品成本,在"制造费用"总分类账户下,企业应当按照生产单位设置制造费用明细账,并按制造费用明细项目设专栏组织制造费用的明细核算。

制造费用是按照费用发生的地点(生产单位)来归集的。也就是说,制造费用明细账归集了该生产单位为组织和管理生产所发生的全部间接费用。当某生产单位只生产一种产品或只提供一种劳务时,制造费用可以直接转入该产品生产成本明细账中的制造费用项目;生产单位生产多种产品或提供多种劳务时,则需要采用适当的方法在各个受益对象之间分配。制造费用的受益对象既包括生产的产品和提供的劳务,也包括自制的材料、工具以及生产单位负责的在建工程等。

制造费用的分配方法主要有按生产工人工资、按生产工人工时、按机器工时、按耗用原材料的数量或成本、按直接成本(直接材料费用与直接人工费用之和)、按产品产量等。季节性生产企业一般可按计划分配率分配制造费用。

1.生产工时分配法

生产工时分配法是以各种产品生产工人工时为标准来分配制造费用的方法。其计算公式如下:

制造费用费用分配率＝应分配的制造费用总额÷各种产品实际生产工时之和

某种产品应分配制造费用＝该种产品实际生产工时×制造费用费用分配率

【例 3-8】　虹越制造厂第一车间"制造费用明细账"汇集的本月制造费用总额为 25 180 元,该车间本月实际完成生产工时 22 000 小时,其中甲产品 4 000 小时,乙产品 10 000 小时,丙产品 8 000 小时。采用生产工时分配法编制"制造费用分配表"如表 3-14 所示。

表 3-14　制造费用分配表

2017 年 7 月　　　　　　　　　　　　　　　　　　　　　　　单位:元

产品名称	生产工时	分配率	分配金额
甲产品	4 000		4 578
乙产品	10 000		11 445
丙产品	8 000		9 157
合　　计	22 000	1.144 5	25 180

根据以上制造费用分配表编制会计分录如下:

借:基本生产成本——甲产品　　　　　　　　　　　　　　　　4 578

　　　　　　　　——乙产品　　　　　　　　　　　　　　　　11 445

　　　　　　　　——丙产品　　　　　　　　　　　　　　　　9 157

　　贷:制造费用　　　　　　　　　　　　　　　　　　　　　　25 180

2.机器工时比例分配法

机器工时比例分配法是以各种产品的机器设备工作时间为标准来分配制造费用的方法。当生产单位产品生产的机械化程度较高,也就是该生产单位制造费用中机器设备的折旧费和修理费比重较大时,采用这种分配方法比较合理。在这种生产单位中,制造费用中的折旧费和修理费与机器设备运转的时间有密切联系。采用这一方法,必须具备各种产品所耗机器工时的原始记录。其计算公式如下:

制造费用分配率＝应分配的制造费用总额÷各种产品实际机器工时之和

某产品应分配制造费用＝该产品实际机器工时×制造费用分配率

应当指出,当生产单位机器设备差别较大时,不同机器设备在同一运转时间内的折旧费用和修理费用的差别也会较大。也就是说,被加工产品在较为高级精密或大型机器设备上加工1 小时所应负担的费用,与在较小型机器设备上加工 1 小时所应负担的费用,应当有所区别。上述公式分母为各种产品实际机器工时之和,而当生产单位机器设备差别较大时,产品实际机器运转工时是不能简单相加的。因此,当一个生产单位内存在使用和维修费用差别较大的机器设备时,应将机器设备按单位工时费用发生的多少合理分类,确定各类机器的工时换算系数。各种产品实际机器运转小时应当按照机器设备的工时换算系数,换算成标准机器运转小时,将标准机器工时作为分配制造费用的依据。标准机器工时的计算公式如下:

某产品标准机器工时＝该产品实际机器工时×机器设备的工时换算系数

3.直接成本(或直接材料费用、直接人工费用、原材料成本、生产工人工资)比例分配法

直接成本比例分配法是以各种产品本期发生的各项直接成本,即原材料、燃料、动力、生产工人工资之和为标准,来分配制造费用的方法。

直接材料费用比例分配法是以各种产品本期发生的直接材料费用为标准,来分配制造费用的方法。如果直接材料费用中只指原材料成本,该方法即为原材料成本(数量)分配法。

直接人工费用比例分配法是以各种产品本期发生的直接人工费用为标准,来分配制造费用的方法。如果直接人工费用只指产品生产工人工资,该方法即为生产工人工资比例分配法。

上述几种方法分配标准的资料都较容易取得,计算也比较简便。但是,这几种方法的分配标准都是各种产品本期发生的直接费用,这并不一定合理。因为在大多数情况下,制造费用的发生与直接费用的发生并不一定存在比例关系。产品直接费用数额越大，负担的制造费用越多，在很多情况下是不合理的。

一般来说，直接材料费用比例分配法适用于各种产品所耗用的原料及主要材料相同，产品成本中材料费用所占比重较大，并且制造费用中原材料处理费用较多的生产单位。直接人工费用比例分配法适用于各种产品生产的机械化程度大致相同的生产单位。否则，机械化程度较高的产品，由于直接人工费用较少，分配负担的制造费用也少，就会影响费用分配的合理性。这是因为，制造费用中包括与机械使用有关的折旧费、修理费、租赁费、保险费等，产品生产的机械化程度高，应当多负担这部分费用，而不是相反。应当注意的是，如果直接人工费用本身是按照生产工时比例分配法分配计入各种产品成本的，那么，按照直接人工费用比例分配法分配制造费用，实际上也就是按照生产工时比例分配法分配制造费用，其分配结果是完全相同的。至于直接成本比例分配法，其分配标准是上述两种方法的分配标准之和，应当综合考虑直接材料比例分配法和直接人工比例分配法两种分配方法的要求。

4. 年度计划分配率分配法

年度计划分配率分配法是按照年度开始前确定的计划费用分配率分配制造费用的方法。计划分配率因分配标准不同而不同，但一经确定，年度内一般不做变动。如果实际发生的制造费用与其预算数或实际产品产量与其计划数差距较大，应及时调整计划分配率。当制造费用以定额工时作为分配标准时，计划分配率是根据各生产单位计划年度制造费用总额和计划年度定额总工时计算的。其计算公式如下：

$$制造费用计划分配率＝年度制造费用计划总额÷年度计划完成定额总工时$$

式中，计划完成的定额总工时是指计划年度各种产品的计划产量按定额工时计算的定额工时总数。其计算公式如下：

$$计划完成定额总工时 = \sum (某产品年度计划产量 \times 该产品单位产品定额工时)$$

确定计划分配率后，各种产品当月应负担的制造费用是根据各产品实际生产量按单位产品定额工时计算的定额总工时和计划分配率计算的。其计算公式如下：

$$某产品当月应分配制造费用 = \frac{该产品当月}{实际产量} \times \frac{该产品单位}{产品定额工时} \times 计划分配率$$

从上述公式可以看出，计划分配率是按计划产量考虑的，实际分配的费用是按实际产量计算的。年度实际发生的制造费用与制造费用预算也会存在差异，因此，采用计划分配率分配方法，"制造费用"账户1—11月各月末分配结转后可能有余额，余额可能在借方，也可能在贷方。"制造费用"账户月末借方余额表示实际发生的费用大于按计划分配率分配的费用；月末贷方余额表示按照计划分配率分配的费用大于实际发生的费用。

仍以例3-8虹越制造厂为例，其全年制造费用计划为62 000元，全年甲、乙两种产品的计划产量分别为600件和400件，单位产品的工时定额分别为7小时和5小时，7月份的实际产量分别为50件和30件，则：

制造费用计划分配率＝62 000÷(600×7＋400×5)＝10(元/小时)

甲产品应分配的制造费用＝50×7×10＝3 500(元)

乙产品应分配的制造费用＝30×5×10＝1 500(元)

按计划分配率分配转出制造费用，其总账及所属明细账每月都会出现余额，而且余额可能在借方,也可能在贷方,但不必每月计算分配率,从而简化工作量。

上述制造费用的分配方法,企业根据管理和核算要求具体选用。制造费用的分配方法一经确定,不得随意变更。如需变更,应在会计报表附注中说明。

企业不论选择哪种制造费用的分配方法,都应当根据分配计算结果编制"制造费用分配表",并据以进行结转制造费用的账务处理。

在企业辅助生产单位的制造费用通过"制造费用"账户核算的情况下,应先分配结转辅助生产单位的制造费用,确定辅助生产单位产品和劳务的实际成本。

3.6　生产损失的核算

生产损失是指企业由于生产组织不合理、经营和管理不善、生产工人未执行技术操作规程等原因造成的人力、物力、财力上的损失,主要包括废品损失、停工损失以及在产品盘亏和毁损等。

1.废品损失的核算

废品是指质量不符合规定的标准或技术条件,不能按原定用途加以利用,或者需要加工修复后才能利用的产成品、自制半成品、零部件等。

废品按其消除缺陷在技术上的可能性和经济上的合理性,分为可修复废品和不可修复废品。可修复废品是指在技术上可以修复,并且支付修复费用在经济上合算的废品;不可修复废品是指在技术上不能修复,或者支付修复费用在经济上不合算的废品。

废品按其产生原因,分为工废品和料废品。工废品是指由于生产工人操作上的问题造成的废品,工废品的产生属于操作工人的过失,应由操作工人承担责任;料废品是指由于被加工的原材料、半成品和零部件质量不符合要求而造成的废品,料废品的产生不应由生产工人承担责任。

废品损失是指企业因产生废品而造成的损失,包括可修复废品的修复费用和不可修复废品的生产成本(扣除回收的废品残料价值和过失单位或个人的赔款)。经过质量检验部门鉴定不需要返修、可以降价出售的不合格品,应与合格品同等计算成本,其降价损失体现为销售损益,不作为废品损失处理。产成品入库以后,由于保管不善、运输不当造成的损失变质,其损失属于管理上的原因,应列作管理费用,也不作为废品损失处理。实行产品包退、包修、包换的企业,在产品出售以后发现废品所发生的一切损失,也计入管理费用,不包括在废品损失内。

在经常有废品损失的企业,为了考核和控制各生产单位的废品损失,在成本项目中,应当增设"废品损失"成本项目。在账户设置上可以增设"废品损失"总分类账户;也可以不设"废品损失"总分类账户,只在"生产成本"总分类账户下设置"废品损失"明细账户,组织废品损失的核算。

"废品损失"账户的借方登记可修复废品的修复费用和不可修复废品的生产成本,贷方登记回收废品的残料价值和过失单位或个人的赔款;月末,应将废品的损失净额由该账户的贷方转入"生产成本"账户的借方,由当月合格产品成本负担;月末,将废品损失转入生产成本以后,"废品损失"账户应无余额。

"废品损失"账户应当分别生产单位按产品品种设置明细账,组织废品损失的明细核算。"废品损失"明细账应按成本项目分设专栏,以反映废品损失的构成。

(1)不可修复废品损失的核算

不可修复废品的生产成本也包括材料费用、人工费用和制造费用,这些费用与同种合格产品成本是同时发生的,计入该种产品的生产成本明细账。因此,不可修复废品的生产成本应当采用适当方法,将全部生产成本在合格产品与废品之间进行分配以后,才能从产品生产成本明细账转入废品损失明细账。

不可修复废品有的是在生产过程中发现的,有的是在完工验收入库时发现的,生产成本在合格产品与废品之间的分配较为复杂。在实际工作中,不可修复废品的生产成本可以按废品所耗实际费用计算,也可以按废品所耗定额费用计算。

【例 3-9】 鹏程工厂加工车间本月共生产乙产品 10 000 件,其中合格品 9 600 件,不可修复废品 400 件。400 件废品中,有 200 件平均加工程度为 50%,有 200 件是在加工完成验收入库时发现的。本月乙产品实际生产费用 1 000 000 元,其中直接材料 640 000 元,直接人工 210 000 元,制造费用 150 000 元。乙产品原材料在生产开始时一次投入,400 件废品与合格品同等分配直接材料费用;直接人工和制造费用按 400 件废品折合为 300 件(200×50%+200)合格品后,与合格品同等分配费用。本月乙产品废品残料价值为 6 000 元,已交原材料仓库验收;废品按规定应由过失人赔偿 1 200 元。根据上述资料计算废品损失,编制不可修复废品生产成本计算表,如表 3-15 所示。

表 3-15 鹏程工厂不可修复废品生产成本计算表

生产单位:加工车间

产品:乙产品 2017 年 6 月 金额单位:元

项 目	直接材料	直接工资	制造费用	合 计
生产费用总额	640 000	210 000	150 000	1 000 000
分配标准(生产总量)	9 600+400=10 000	9 600+300=9 900	9 600+300=9 900	
费用分配率	640 000÷10 000=64	210 000÷9 900=21.21	150 000÷9 900=15.15	
废品生产成本	64×400=25 600	21.21×300=6 363	15.15×300=4 545	36 508
减:残料价值	6 000			
减:应收过失人赔款		1 200		
废品损失	6 000	1 200		29 308

①根据表 3-15 编制如下会计分录:

借:废品损失——乙产品 36 508

　　贷:基本生产成本——乙产品 36 508

②回收废品残值,冲减废品损失,编制如下会计分录:

借:原材料 6 000

　　贷:废品损失——乙产品 6 000

③应收过失人赔款,冲减废品损失,编制如下会计分录:

借:其他应收款——××过失人 1 200

　　贷:废品损失——乙产品 1 200

④结转废品净损失,编制会计分录如下:

借:基本生产成本——乙产品 29 308

贷：废品损失——乙产品　　　　　　　　　　　　　　29 308

（2）可修复废品损失的核算

可修复废品损失是指在修复过程中发生的各种费用，即废品的修复费用。因此，修复的产品成本应该由修复前发生的生产费用与修复过程中发生的各项修复费用构成。如果有废品回收残值或应收赔偿款，也应从产品损失中扣除。

可修复废品的修复费用包括材料费用、人工费用、应负担的制造费用等。材料费用一般可以根据有关领料凭证直接确定；人工费用有的可以直接确定，有的需要根据修复废品实际消耗的工时和小时工资率计算确定；应负担的制造费用不能直接确定，一般可以根据修复废品实际消耗的工时和小时费用率计算确定。

2.停工损失的核算

停工损失是指企业生产单位（分厂、车间或车间内某个班组）在停工期间发生的各项费用，包括停工期间发生的燃料及动力费、损失的材料费用、应支付的生产工人工资及提取的福利费、应负担的制造费用等。

为了简化计算工作，停工不满一个工作日的，一般不计算停工损失。对于因季节性生产或大修理停工而发生的停工期间的一切费用，列入制造费用，不单独核算其停工损失。

造成生产单位停工的原因是多种多样的，按照停工原因可以分为季节性生产停工、机器设备大修理停工、原材料和半成品供应不及时停工、生产任务下达不及时停工、工具和模具缺乏停工、设计图纸和工艺文件缺乏或错误停工、意外事故停工、自然灾害停工以及计划减产停工等。按照造成停工的责任，可以分为外部责任停工和内部责任停工两种。外部责任主要有供水、供电部门和原材料、燃料的供应商等；内部责任单位和个人主要有生产单位的管理部门，企业工艺设计部门，质量检验部门，原材料和燃料及动力的供应部门，原材料、半成品和产成品仓库等部门以及有关部门负责人、技术人员、操作人员等。

为了考核和控制企业停工期间发生的各项费用，应当增设"停工损失"成本项目。在账户设置上，应当设置"停工损失"总分类账户，或者在"生产成本"总分类账户下设置"停工损失"明细账，组织停工损失的核算。

"停工损失"账户借方登记生产单位发生的各项停工损失，贷方登记应索赔的停工损失和分配结转的停工损失；分配结转停工损失以后，该账户应无余额。"停工损失"账户应当按照生产单位设置明细账，并按费用项目设置专栏组织明细核算。

计算停工损失的原始凭证主要是"停工报告单"。生产单位因各种原因发生停工时，值班人员应当及时向生产单位负责人报告，查明原因，采取措施，尽快恢复生产。如果在一定时间内不能恢复生产，生产单位应填写"停工报告单"，报送企业总部有关部门。企业总部值班负责人应当及时通知有关部门和单位，采取措施恢复生产。由于企业外部原因和自然灾害发生的停工，除由生产单位填写"停工报告单"外，还应编写专门报告并附有关凭证，以便处理停工损失。发生停工后，企业生产计划调度部门和有关生产单位应当及时对停工人员分配其他工作，尽量减少停工损失。

企业和生产单位的核算人员应当对"停工报告单"所列停工范围、时间及原因和过失单位等内容进行审核，并查明原因，明确责任单位或个人。"停工报告单"只有经过审核以后才能作为停工损失核算的原始依据。

在停工损失中，原材料、水电费、生产工人工资及提取的福利费等，一般可以根据有关原始凭证确认后直接计入；制造费用能够直接确认的应尽量直接计入，不能直接确认的可以按照停工工时数和小时制造费用分配率（计划或实际）分配计入。

企业"停工损失"账户归集的停工损失，应当根据发生停工的原因进行分配和结转。可以获得赔偿的停工损失，应当积极索赔，并冲减停工损失；由于自然灾害等引起的非正常停工损失，应计入营业外支出；机器设备大修理期间的停工损失计入生产单位制造费用；其他原因造成的停工损失应计入产品成本（停工损失项目）。计入产品成本的停工损失，如果停工的生产单位只生产一种产品，可直接计入该种产品生产成本明细账中单独设置的"停工损失"成本项目；如果停工的生产单位生产多种产品，可以采用分配制造费用的方法在各种产品之间进行分配，然后分别计入该生产单位各种产品生产成本明细账中的"停工损失"成本项目。

3.7　生产费用在完工产品与在产品之间的分配

在产品是指没有完成全部生产过程，不能作为商品销售的产品。对于不准备在本企业继续加工，用于对外销售的自制半成品，属于商品产品，验收入库后不应列入在产品。

在产品有狭义和广义之分。狭义在产品是指针对某个车间或某个生产步骤而言，正在本车间或本生产步骤加工中的在制品，包括正在加工中的在产品和正在返修的废品。本车间或本生产步骤已完工的半成品不包括在内。广义在产品是指针对整个企业而言，没有形成最终产成品的产品。因此，广义在产品不仅包括狭义在产品，还包括已完成一个或几个生产步骤还需要继续加工的半成品、已完成全部生产步骤等待验收入库的产成品，以及等待返修的废品。例如，某企业生产一种产品需要经过第一车间、第二车间两个车间的连续加工才能完成。2月末会计资料记录：第一车间已加工完成半成品 90 件，正在加工中的是 20 件；第二车间已加工完成产成品 60 件，正在加工中的是 30 件。从狭义上说，在产品的数量是 50 件（20＋30）；从广义上说，在产品的数量是 140 件（90＋20＋30）。本章述及的在产品均为狭义在产品。

企业在生产过程中发生的生产费用，经过外购材料等要素费用的分配、辅助生产费用的分配以及基本生产车间制造费用的分配后，应计入本月各种产品成本的各项费用，已按产品成本项目全部归集在各种产品的产品成本计算单中。月末，企业生产的产品有以下三种情况：

第一种情况：如果月末产品已全部完工，产品成本计算单中归集的生产费用（如果有月初在产品，还包括月初在产品成本）之和，就是该完工产品的成本。

第二种情况：如果月末全部产品都没有完工，产品成本计算单中归集的生产费用（如果有月初在产品，还包括月初在产品成本）之和，就是月末没有完工的在产品的成本。

第三种情况：如果月末既有完工产品又有在产品，产品成本计算单中归集的生产费用（如果有月初在产品，还包括月初在产品成本）之和，应在完工产品和月末在产品之间采用适当的方法进行分配，以计算出完工产品成本和月末在产品成本。

月初在产品成本、本月发生的生产费用与本月完工产品成本、月末在产品成本之间的关系，可以用下面的公式表达：

月初在产品成本＋本月发生的生产费用＝本月完工产品成本＋月末在产品成本

等式左边两项是已知数，等式右边两项是未知数。要计算完工产品成本，就需要将左边两项之和在完工产品和月末在产品之间采用一定的方法进行分配。分配方法有以下两种：

一是先计算确定月末在产品成本，然后倒算出完工产品成本；

二是将等式左边两项之和按照一定方法在完工产品和月末在产品之间进行分配，同时求出完工产品成本和月末在产品成本。

无论采用哪种方法,都必须先取得有关在产品实物数量的核算资料。

生产费用在完工产品与月末在产品之间的分配,是产品成本计算工作中一个既重要又比较复杂的内容。具体的分配方法主要有七种:在产品不计算成本法、在产品按固定成本计价法、在产品按原材料费用计价法、约当产量比例法、在产品按完工产品成本计算法、在产品按定额成本计价法和定额比例法。企业应当根据月末结存在产品数量的多少、各月月末在产品数量变化的大小、产品成本中各种费用比重的大小,以及企业定额管理基础工作的好坏等具体条件和实际情况,选择既合理又简便的分配方法来正确计算本月完工产品成本和月末在产品成本。

1.在产品不计算成本法

在产品不计算成本法是指虽然月末有结存的在产品,但月末在产品数量很少,价值很低,且各月在产品数量比较稳定,从而可对月末在产品成本忽略不计的一种分配方法。在这种方法下,算不算在产品成本对完工产品成本的影响很小,为了简化核算工作,可以不计算月末在产品成本。

由于采用在产品不计算成本法,在产品成本为零,即月初在产品成本和月末在产品成本均为零,根据公式"月初在产品成本+本月发生生产费用=完工产品成本+月末在产品成本"可知,本月发生的生产费用就等于本月完工产品成本。所以,采用在产品不计算成本法计算完工产品和月末在产品成本时,本月发生的生产费用全部由完工产品承担。

在产品不计算成本法主要适用于各月末在产品数量很小,或管理上不要求计算在产品成本的产品。例如,自来水生产企业、发电企业、采掘企业等都可以采用这种方法。

2.在产品按固定成本计价法

在产品按固定成本计价法是指按年初数固定计算在产品成本的一种方法,即各月在产品成本均按年初在产品成本计价。

由于采用在产品按固定成本计价法,在产品成本都按年初在产品成本固定计算,即月初在产品成本和月末在产品成本均等于年初在产品成本,所以各月月末在产品成本不变,月末在产品成本等于月初在产品成本。根据公式"月初在产品成本+本月发生生产费用=完工产品成本+月末在产品成本"可知,本月发生的生产费用就等于本月完工产品成本。所以,采用在产品按固定成本计价法计算完工产品和月末在产品成本时,本月发生的生产费用全部由完工产品承担。

采用在产品按固定成本计价法时,1—11月各月末在产品成本都按年初在产品成本计算,但年终时,应根据实际盘点的在产品数量采用其他方法计算12月末在产品的实际成本,并将计算出的年末在产品成本作为下一年度在产品成本的年初数。这种做法的目的是避免在产品以固定不变的成本计价延续时间太长,使在产品成本与实际在产品成本出入过大而影响产品成本计算的正确性。

在产品按固定成本计价法主要适用于企业各月末在产品数量很小,或者虽然在产品数量较大,但各月末在产品数量变化不大,月初、月末在产品成本的差额对完工产品成本影响不大的产品。例如,化工企业、冶炼企业等可以采用这种方法计算在产品成本。

3. 在产品按原材料费用计价法

在产品按原材料费用计价法是指月末在产品只计算耗用的原材料费用,不计算其耗用的人工费和制造费用。即在产品成本中只包括原材料费用,不包括人工费、制造费用等。

采用在产品按原材料费用计价法,在产品成本中只包括原材料费用,而人工费用和制造费用均为零,即月初在产品和月末在产品成本中都只有材料费用,而"直接人工"和"制造费用"项目均为零。根据公式"月初在产品成本+本月发生生产费用=完工产品成本+月末在产品成本"可知,在产品只负担原材料费用,其他费用全部由完工产品负担。

$$完工产品成本 = \frac{月初在产品的}{原材料费用} + \frac{本月发生的}{生产费用} - \frac{月末在产品的}{原材料费用}$$

在产品按原材料费用计价法主要适用于产品的原材料费用在产品成本中所占比重较大,而且原材料是在生产开始时一次投入的产品。

【例 3-10】 隆庆制造厂生产丙产品,原材料费用在丙产品成本中所占比重较大,该企业采用在产品按原材料费用计价法分配生产费用。2017 年 9 月,月初在产品成本为 4 000 元。本月为生产丙产品发生的生产费用为 23 500 元,其中直接材料为 13 000 元,直接人工为 5 500元,制造费用为 5 000 元。本月丙产品完工 300 件,验收入库,月末在产品 200 件。生产丙产品的原材料在生产开始时一次投入。

根据上述生产费用资料,丙产品本月完工产品与月末在产品成本分配计算,如表 3-16所示。

表 3-16   丙产品产品成本计算单

2017 年 9 月   金额单位:元

摘 要	直接材料	直接人工	制造费用	合 计
月初在产品成本	4 000			4 000
本月发生生产费用	13 000	5 500	5 000	23 500
生产费用合计	17 000	5 500	5 000	27 500
完工产品成本	10 200	5 500	5 000	20 700
完工产品单位成本	34	18.33	16.67	69
月末在产品成本	6 800			6 800

分析:月初、月末在产品成本中只有原材料费用,即月初、月末在产品成本中直接人工和制造费用均为零,所以完工产品的直接人工和制造费用分别等于生产费用合计中的直接人工和制造费用。

直接材料的分配:

费用分配率=17 000÷(300+200)=34(元/件)

完工产品的直接材料=300×34=10 200(元)

月末在产品的直接材料=200×34=6 800(元)

完工产品总成本=10 200+5 500+5 000=20 700(元)

月末在产品成本=6 800+0+0=6 800(元)

由于采用在产品按原材料费用计价法,在产品成本中只包括原材料费用,而人工费用和制造费用均为零,即月初在产品和月末在产品成本中都只有材料费用,而"直接人工"和"制造费用"项目均为零。根据公式"月初在产品成本+本月发生生产费用=完工产品成本+月末在产品成本"可知,在产品只负担原材料费用,其他费用全部由完工产品负担。

4.约当产量比例法

约当产量比例法是指按照完工产品的数量与月末在产品约当产量的比例分配生产费用,从而计算完工产品成本和月末在产品成本的方法。约当产量是指将月末在产品的数量按照投料程度和完工程度折算为相当于完工产品的数量。比如,月末在产品 20 件,完工程度 50%,则约当产量为 10 件,即 20 件在产品相当于 10 件完工产品。约当总产量是指完工产品的产量与月末在产品约当产量之和。

采用约当产量比例法分配生产费用,计算完工产品成本和月末在产品成本时,由于生产过程中材料的投料程度和产品的加工程度不一定一致,所以应分别产品成本项目计算月末在产品的约当产量,根据不同的约当产量分配直接材料、直接人工和制造费用。

采用约当产量比例法时应考虑材料的投入情况和产品加工情况,根据在产品的投料程度和加工程度分别计算在产品的约当产量,然后进行生产费用的分配,从而计算完工产品成本和月末在产品成本。材料的投入情况和产品的加工情况一般有以下两种:

(1)材料在生产开始时一次投入,在产品的加工情况已知

材料在生产开始时一次投入,单位在产品与单位完工产品耗用相同数量的原材料,即在产品的投料程度 100%,所以,直接材料成本按照完工产品和月末在产品的数量比例分配。

直接人工和制造费用是随着生产进度逐步发生的,所以分配时要考虑在产品的加工情况,即考虑在产品的完工程度,根据月末在产品的数量和完工程度计算出月末在产品约当产量,按照完工产品产量和月末在产品约当产量(按完工程度折算)的比例分配直接人工和制造费用。

【例 3-11】 隆庆制造厂生产丁产品,采用约当产量比例法分配生产费用。2017 年 5 月初在产品成本为 4 700 元,其中,直接材料为 2 000 元,直接人工为 1 800 元,制造费用为 900 元。本月为生产丁产品发生生产费用为 103 300 元,其中,直接材料为 43 000 元,直接人工为40 200元,制造费用为 20 100 元。本月完工产品 750 件,月末在产品 150 件。材料在生产开始时一次投入,月末在产品的完工程度 60%。

约当产量比例法的计算公式如下:

$$月末在产品约当产量 = 月末在产品产量 \times 在产品投料程度或完工程度$$

$$费用分配率 = \frac{月初在产品成本 + 本月发生的生产费用}{完工产品产量 + 月末在产品约当产量}$$

$$完工产品成本 = 完工产品数量 \times 费用分配率$$

$$月末在产品成本 = 月末在产品约当产量 \times 费用分配率$$

根据上述资料及计算公式,生产费用的分配过程如下:

①直接材料的分配。

月末在产品约当产量 = 150 × 100% = 150(件)

费用分配率 = (2 000 + 43 000) ÷ (750 + 150) = 50

完工产品的直接材料成本 = 750 × 50 = 37 500(元)

月末在产品的直接材料成本 = 150 × 50 = 7 500(元)

②直接人工的分配。

月末在产品约当产量 = 150 × 60% = 90(件)

费用分配率 = (1 800 + 40 200) ÷ (750 + 90) = 50

完工产品的直接人工成本＝750×50＝37 500(元)

月末在产品的直接人工成本＝90×50＝4 500(元)

③制造费用的分配。

月末在产品约当产量＝150×60％＝90(件)

费用分配率＝(900＋20 100)÷(750＋90)＝25

完工产品的制造费用＝750×25＝18 750(元)

月末在产品的制造费用＝90×25＝2 250(元)

完工产品总成本＝37 500＋37 500＋18 750＝93 750(元)

月末在产品总成本＝7 500＋4 500＋2 250＝14 250(元)

(2)材料随着生产进度陆续投入,在产品的投料情况和加工情况均已知

材料随着生产进度陆续投入,根据月末在产品的数量和投料程度计算出月末在产品约当产量,按照完工产品产量和月末在产品约当产量(按投料程度折算)的比例分配直接材料成本。

直接人工和制造费用分配时需要考虑在产品的加工情况,即考虑在产品的完工程度,根据月末在产品的数量和完工程度计算出月末在产品约当产量,按照完工产品产量和月末在产品约当产量(按完工程度折算)的比例分配直接人工和制造费用。

【例 3-12】　隆庆制造厂生产丁产品,采用约当产量比例法来分配生产费用。2017 年 6 月初在产品成本为 4 700 元,其中,直接材料为 2 000 元,直接人工为 1 800 元,制造费用为 900元。本月为生产丁产品发生生产费用为 103 300 元,其中,直接材料为 43 000 元,直接人工为40 200 元,制造费用为 20 100 元。本月完工产品 750 件,月末在产品 150 件。材料随着生产进度陆续投入,月末在产品的投料程度 33.33％,完工程度 60％。

根据上述资料及计算公式,生产费用的分配过程如下:

①直接材料的分配。

月末在产品约当产量＝150×33.33％＝50(件)

费用分配率＝(2 000＋43 000)÷(750＋50)＝56.25

完工产品的直接材料成本＝750×56.25＝42 187.50(元)

月末在产品的直接材料成本＝50×56.25＝2 812.50(元)

②直接人工的分配。

月末在产品约当产量＝150×60％＝90(件)

费用分配率＝(1 800＋40 200)÷(750＋90)＝50

完工产品的直接人工成本＝750×50＝37 500(元)

月末在产品的直接人工成本＝90×50＝4 500(元)

③制造费用的分配。

月末在产品约当产量＝150×60％＝90(件)

费用分配率＝(900＋20 100)÷(750＋90)＝25

完工产品的制造费用＝750×25＝18 750(元)

月末在产品的制造费用＝90×25＝2 250(元)

完工产品总成本＝42 187.50＋37 500＋18 750＝98 437.50(元)

月末在产品总成本＝2 812.50＋4 500＋2 250＝9 562.50(元)

采用约当产量比例法,必须正确计算月末在产品的约当产量,而在产品约当产量正确与

否,主要取决于在产品投料程度和完工程度的测定。

①投料程度的确定。根据产品在生产过程中的投料情况,确定在产品的投料程度。产品的投料情况一般分为以下三种情况:

第一种情况,原材料在生产开始时一次投入,单位在产品与单位完工产品耗用原材料的数量相同,即在产品的投料程度 100%。直接材料成本可以按照完工产品与月末在产品的数量比例来分配。

第二种情况,原材料在生产过程中随着生产进度陆续投入,按照月末在产品的数量和投料程度计算月末在产品的约当产量,直接材料成本按照完工产品数量与月末在产品约当产量的比例来分配。

第三种情况,原材料分工序投入,并在每道工序开始时一次投入,一般根据材料消耗定额和材料的投入情况,分工序来计算每道工序在产品的投料程度。因为每道工序开始时本工序的材料一次投入,所以处在每道工序中的在产品耗用了本工序全部材料,即每道工序中的在产品在本工序的投料程度是 100%。投料程度的计算公式如下:

$$\frac{某工序在产品}{投料程度} = \frac{单位产品到本工序为止}{的累计材料消耗定额} \div \frac{单位完工产品}{材料消耗定额} \times 100\%$$

根据月末在产品的数量和对应的投料程度计算每道工序月末在产品的约当产量,直接材料成本按照完工产品数量与月末在产品约当产量的比例来分配。

②完工程度的确定。根据产品在生产过程中的加工情况,确定在产品的完工程度。产品的完工情况一般分为以下两种情况:

第一种情况,平均计算完工程度。当企业生产进度比较均衡,各工序月末在产品的数量都差不多,则后面各工序在产品多加工的程度可以抵补前面各工序少加工的程度。为了简化核算,月末在产品无论处在哪个工序,完工程度均按 50% 计算。

第二种情况,各工序分别测算完工程度。企业中月末在产品在各工序加工程度不均衡,必须根据各工序在产品的累计工时定额占完工产品工时定额的比率,分别计算各工序在产品的完工程度。完工程度的计算公式如下:

$$\frac{某工序在产品完工程度}{} = \left(\frac{单位产品前面各工序累计工时定额}{} + \frac{单位产品本工序工时定额}{} \times 50\%\right) \div \frac{单位完工产品工时定额}{} \times 100\%$$

上述计算公式中,"单位产品本工序工时定额"之所以乘以 50%,是因为处在该工序中的在产品的完工程度不同,为简化计算,在本工序中的在产品一律按平均完工程度 50% 计算。在产品从上一道工序转入下一道工序时,因为上一道工序已完工,所以前面各工序的工时定额应按 100% 计算。

5.在产品按完工产品成本计算法

在产品按完工产品成本计算法是将在产品视同完工产品,根据完工产品和月末在产品的数量比例分配生产费用的一种方法。

在产品已经完成全部生产过程,等待验收入库,单位在产品的材料费、人工费及制造费用与单位完工产品接近,即单位在产品成本接近单位完工产品成本,为了简化产品成本计算工作,可以将在产品视同完工产品,按两者的数量比例分配生产费用,计算完工产品成本和月末在产品成本。

在产品按完工产品成本计算法适用于月末在产品已接近完工,或产品已经加工完毕但尚未验收入库的产品。

6.在产品按定额成本计价法

在产品按定额成本计价法是指按照预先制订的定额成本计算月末在产品成本,即月末在产品成本按其数量和单位定额成本计算的一种方法。

根据公式"月初在产品成本＋本月发生生产费用＝完工产品成本＋月末在产品成本"可知,"完工产品成本＝月初在产品定额成本＋本月发生生产费用－月末在产品定额成本"。

采用这种方法时,应根据在产品有关的定额资料,以及月末结存的在产品数量,计算月末在产品的定额成本。

在产品定额成本的计算公式为:

在产品直接材料定额成本＝在产品数量×在产品材料消耗定额×材料计划单价

在产品直接人工定额成本＝在产品数量×在产品工时定额×计划小时工资率

在产品制造费用定额＝在产品数量×在产品工时定额×计划小时费用率

7.定额比例法

定额比例法是按完工产品和月末在产品的定额消耗量或定额成本的比例,分配生产费用,计算完工产品和月末在产品成本的一种方法。具体计算时需要分别产品成本项目来分配生产费用。

直接材料分配时,如果生产产品只耗用一种材料,可以按照产品的定额耗用量或定额成本的比例分配,即按照完工产品和月末在产品原材料的定额耗用量的比例分配,或者按照完工产品和月末在产品的直接材料定额成本的比例分配。如果生产产品耗用两种或两种以上的材料,则需要按照定额成本的比例分配,即按照完工产品和月末在产品的直接材料定额成本的比例分配。

直接人工和制造费用,按照完工产品和月末在产品的定额耗用量或定额成本的比例分配,即按照完工产品和月末在产品的定额工时的比例分配,或者按照完工产品和月末在产品的直接人工定额成本或制造费用定额的比例分配。对直接人工和制造费用的分配,按照定额耗用量和定额成本的比例进行分配的结果是相同的,由于定额耗用量即定额工时的资料容易取得,所以一般都按照定额工时的比例分配。其计算公式如下:

(1)直接材料成本的分配

方法一:以定额耗用量为分配标准。

$$费用分配率＝\left(\begin{matrix}月初在产品\\直接材料\end{matrix}＋\begin{matrix}本月发生\\直接材料\end{matrix}\right)÷\left(\begin{matrix}完工产品材料\\定额耗用量\end{matrix}＋\begin{matrix}月末在产品材\\料定额耗用量\end{matrix}\right)$$

完工产品直接材料成本＝完工产品材料定额耗用量×费用分配率

月末在产品直接材料成本＝月末在产品材料定额耗用量×费用分配率

方法二:以定额成本为分配标准。

$$费用分配率＝\left(\begin{matrix}月初在产品\\直接材料\end{matrix}＋\begin{matrix}本月发生\\直接材料\end{matrix}\right)÷\left(\begin{matrix}完工产品材料\\定额成本\end{matrix}＋\begin{matrix}月末在产品\\材料定额成本\end{matrix}\right)$$

完工产品直接材料成本＝完工产品直接材料定额成本×费用分配率

月末在产品直接材料成本＝月末在产品直接材料定额成本×费用分配率

（2）直接人工成本的分配

$$费用分配率=\left(\begin{matrix}月初在产品\\直接人工\end{matrix}+\begin{matrix}本月发生\\直接人工\end{matrix}\right)\div\left(\begin{matrix}完工产品\\定额工时\end{matrix}+\begin{matrix}月末在产品\\定额工时\end{matrix}\right)$$

$$完工产品直接人工成本=完工产品定额工时\times费用分配率$$

$$月末在产品直接人工成本=月末在产品定额工时\times费用分配率$$

（3）制造费用的分配

$$费用分配率=\left(\begin{matrix}月初在产品\\制造费用\end{matrix}+\begin{matrix}本月发生\\制造费用\end{matrix}\right)\div\left(\begin{matrix}完工产品\\定额工时\end{matrix}+\begin{matrix}月末在产品\\定额工时\end{matrix}\right)$$

$$完工产品制造费用=完工产品定额工时\times费用分配率$$

$$月末在产品制造费用=月末在产品定额工时\times费用分配率$$

【任务实施】

该完工产品成本和月末在产品成本计算如下：

直接材料费用的分配：

月末在产品约当产量$=200\times70\%=140$（件）

直接人工费用的分配率$=\dfrac{1\ 080+39\ 580}{240+140}=107$（元/件）

完工产品应负担的直接材料费用$=240\times107=25\ 680$（元）

月末在产品应负担的直接材料费用$=140\times107=14\ 980$（元）

直接人工费用的分配：

月末在产品约当产量$=200\times60\%=120$（件）

直接人工费用分配率$=\dfrac{1\ 520+58\ 960}{240+120}=168$

完工产品应负担的直接人工费用$=240\times168=40\ 320$（元）

月末在产品应负担的直接人工费用$=120\times168=20\ 160$（元）

制造费用的分配：

月末在产品约当产量$=200\times60\%=120$（件）

制造费用分配率$=\dfrac{1\ 100+22\ 300}{240+120}=65$

完工产品应负担的制造费用$=240\times65=15\ 600$（元）

月末在产品应负担的制造费用$=120\times65=7\ 800$（元）

完工产品成本和月末在产品成本：

完工产品成本$=25\ 680+40\ 320+15\ 600=81\ 600$（元）

月末在产品成本$=14\ 980+20\ 160+7\ 800=42\ 940$（元）

根据计算结果编制产品成本计算单，如表 3-17 所示。

表 3-17　产品成本计算单（约当产量比例法）

产品名称：某产品　　　　　　　　20××年 9 月　　　　　　　　单位：元

摘　要	直接材料	直接人工	制造费用	合　计
月初在产品成本	1 080	1 520	1 100	3 700
本月生产费用	39 580	58 960	22 300	120 840
生产费用累计	40 660	60 480	23 400	124 540

续表 3-17

摘　要	直接材料	直接人工	制造费用	合　计
费用分配率	107	168	65	
完工产品成本	25 680	40 320	15 600	81 600
月末在产品成本	14 980	20 160	7 800	42 940

任务四　产品成本计算的分批法

【任务布置】

强盛制造厂属于小批生产企业,生产甲、乙、丙三种产品,采用分批法计算成本。该公司 2017 年 8 月份投产批次及生产情况如下:

(1)8 月份生产批次及完工情况如表 4-1 所示。

表 4-1　产品生产情况

产品名称	生产批号	投产情况	本月完工数量	月末在产品
甲产品	921	7 月 25 日投产 40 件	10 件	30 件
乙产品	922	8 月 5 日投产 20 件	15 件	5 件
丙产品	923	8 月 20 日投产 20 件	0	20 件

(2)月初在产品成本如表 4-2 所示。

表 4-2　在产品资料

产品名称	产品批号	成本项目			合　计
		直接材料	直接人工	制造费用	
甲产品	923	24 000	3 200	4 660	31 860

(3)8 月份各批产品发生的生产费用资料如表 4-3 所示。

表 4-3　产品生产费用资料

产品名称	产品批号	直接材料	直接人工	制造费用	合　计
甲产品	921	—	8 800	122 000	130 800
乙产品	922	47 600	12 000	15 000	74 600
丙产品	923	49 200	4 688	6 240	60 128

(4)各批号生产费用在完工产品与在产品之间的分配方法如下:

921 号甲产品:完工数量少,完工产品按计划成本结转。每台产品的计划单位成本为:原材料 600 元,人工费 360 元,制造费用 500 元。

922 号乙产品:完工数量大,原材料在生产开始时一次投入。完工产品与在产品之间的生产费用分配采用约当产量法,在产品完工程度为 50%。

923号丙产品由于全部完工,本月生产费用全部是在产品成本。

请根据以上资料登记强盛制造厂基本生产成本明细账。

【知识准备】

4.1　分批法的特点

有些企业在组织产品生产的过程中,不能大批大量地重复生产一种产品或几种产品,而是需要根据用户的订单或企业事先确定的产品种类、规格,按单件或小批量地组织产品生产。针对这种生产类型,就要采用分批法进行产品成本的核算,按订单或批别归集生产费用,计算产品成本。

分批法是指以产品批别或订单作为产品成本计算对象,归集生产费用计算产品成本的方法。与品种法相比,它是以产品批别、订单取代产品品种作为成本计算对象。由于每批产品的品种数量及交货时间都是按照客户的订单安排生产的,所以分批法又称订单法,它是产品成本核算的基本方法之一。

分批法具有如下特点:

1.成本计算对象是客户的订单或企业事先规定好的产品批别

企业一般根据订单向生产部门签发并下达生产任务通知单,在通知单上注明编号,作为产品的批号或生产令号。财会部门应当根据产品批号设立基本生产成本明细账,计算产品成本。

2.成本计算期与生产周期一致,与会计报告期不一致

在分批法下,产品成本的负担起讫期是从订单开工到订单完工,因此各批次产品总成本和单位成本的计算在该批产品完工后才能计算确定,所以成本计算期是非定期的,它与会计报告期不一致,与生产周期一致。

3.生产费用在完工产品和在产品之间的分配

在分批法下,由于产品成本的计算周期与生产周期一致,因此一般情况下不存在生产费用在完工产品和在产品之间的分配问题。但在实际中,又有具体处理。

①在单件生产的情况下,该张订单在完工以前,其产品成本明细账中归集的生产费用是其在产品成本;完工后,则为完工产品成本,因而一般在月末不存在生产费用在完工产品和在产品之间的分配。

②如果是小批生产,且批内产品是同时完工的,在月末计算成本时,或全部是在产品成本,或全部是完工产品成本,因而也不存在生产费用在完工产品和在产品之间的分配;但如果是在分批陆续跨月完工且出售或交货的情况下,就要计算完工产品和在产品成本,为减少核算工作量,可采用简化的分配方法。对完工产品的成本可以是计划成本、定额成本或采用最近一期相同产品的实际成本进行计价,将其从生产成本中转出,余额为在产品成本。当该订单产品全部完工时,为保证成本资料的正确,还应重新计算该批产品的总成本和单位成本,但对已经转出的完工产品成本,不进行账面调整。

4.2　分批法的适用范围

分批法通常适用于小批量单件生产且管理上不要求分步骤计算产品成本的多步骤生产的

企业。它往往根据客户的要求,生产特殊规格、规定数量的产品,客户的订单可能是单件的大型产品,如造船厂的船舶制造、重型机械厂的专用设备的制造;也可能是多件同样规格的产品,如根据客户需要生产的特殊仪器或精密铸件的生产;对于修理行业的企业,由于修理业务的多种多样,要承接的各种修理业务分别计算修理成本,向客户收取货款。那么,这些企业就应根据合同的规定,在生产成本的基础上加一定比例或一定数额的利润确定修理收入,因此也必须分别计算每次修理业务的成本,如机械修理厂等。

4.3　分批法的分类

根据间接费用的分配和处理方法不同,分批法可分为两种类型:典型分批法和简化分批法。典型分批法又叫一般分批法或当月分批法,就是在每一个月无论是否有完工产品,都将间接费用按受益对象和规定方法进行分配;简化分批法也叫累计分批法,是在每一个月都归集间接费用,但只是在有批次产品完工的月份,才将归集的费用分配给完工产品成本。

4.4　典型分批法

典型分批法是指将当月发生的间接费用全部分配给各成本计算对象,并记入各生产成本明细账和成本计算单,而不论各个成本计算对象的产品是否已经完工的一种方法。它是间接费用的当月分配法,在这种方法下,各月所归集的间接费用在当月分配并计入各批次产品的成本中。

典型分批法一般适用于生产周期短的单件、小批量生产的企业。因为这类企业当月投产的产品基本上可以当月完工,按月分配各项间接费用可使产品的生产成本真实地反映生产耗费情况。

典型分批法的成本核算程序如下:

第一步,按批别或订单设置生产成本明细账,按成本项目分设专栏。在生产开始时,财会部门应根据每份生产任务通知单确定的产品批次,开设生产成本明细账和成本计算单,并按成本项目分设专栏,便于进行生产费用的归集。

第二步,根据各项费用分配表,将各项费用分别按产品批次或订单记入各产品成本明细账的有关成本项目。在分批法下,特别强调按批别或订单归集成本,因此,批别或各订单产品直接耗用的材料、人工等费用,都要在有关原始凭证上填写生产批号(生产通知单号)或订单号,以便将费用进行整理、归集后直接记入相应的各产品成本明细账中的"直接材料"或"直接人工"中。

第三步,计算完工产品成本。月末,结算本月生产费用发生额。本月已经完工的各批次产品,其基本生产成本明细账中归集的生产费用即为本月完工产品的成本。如果本月该批产品均未完工,则生产成本明细账中归集的生产费用全部是在产品成本;如果同一批次产品中有陆续跨月完工的产品,应采用一定的方法在完工产品和在产品之间进行费用的分配,计算完工产品和在产品的成本。

典型分批法的举例如下。

百圣机械制造厂设有一个基本生产车间,生产甲、乙、丙、丁四种产品。其生产组织是根据客户订单小批生产,工艺过程采用单步骤生产,成本计算方法采用典型分批法。成本项目设置为：直接材料、直接人工、制造费用。

以下是根据有关产量记录、月初在产品成本和本月发生的生产费用资料，采用典型分批法对费用进行一系列的归集与分配，编制记账凭证并登记各成本费用明细账，计算并结转各种完工产品成本。

2017 年 10 月份有关产品产量记录、月初在产品成本和本月发生的生产费用资料，如表 4-4、表 4-5 和表 4-6 所示。

表 4-4　产品产量记录

2017 年 10 月

产品名称	产品批号	投产量/件	投产日期	完工日期及产量
甲产品	83	120	9 月 8 日	10 月 23 日完工 80 件
乙产品	68	80	10 月 3 日	
丙产品	109	100	10 月 9 日	10 月 25 日完工 40 件
丁产品	116	60	10 月 12 日	10 月 27 日全部完工
说明	（1）甲产品，批号 83 号，原材料系开工时一次投入，生产费用采用约当产量法在完工产品和月末在产品之间进行分配，月末在产品完工程度为 50%。 （2）乙产品，批号 68 号，本月没有完工产品。 （3）丙产品，批号 109 号，完工产品成本按定额成本法计算并结转（单位产品定额成本为：直接材料 290 元，直接人工 130 元，制造费用 66 元，合计 486 元）。 （4）丁产品，批号 116 号，当月全部完工。			

表 4-5　月初在产品成本

2017 年 10 月

产品名称	产品批号	直接材料	直接人工	制造费用	合　计
甲产品	83	246 000	32 000	28 000	306 000

表 4-6　本月发生的生产费用

2017 年 10 月

产品名称	产品批号	直接材料	直接人工	制造费用	合　计
甲产品	83	—	41 000	32 000	73 000
乙产品	68	42 800	7 200	2 400	52 400
丙产品	109	30 000	14 000	7 000	51 000
丁产品	116	24 000	8 640	2 280	34 920

根据以上资料，采用典型分批法，计算并登记各批产品基本生产成本明细账，并计算完工产品成本和月末在产品成本，如表 4-7、表 4-8、表 4-9 和表 4-10 所示。

表 4-7　基本生产成本明细账

产品批号:83　　　　　　投产日期:9 月 8 日　　　　　　完工日期:10 月 23 日
产品名称:甲产品　　　　产品批量:120 件　　　　　　完工产量:80 件

2017		摘　要	直接材料	直接人工	制造费用	合　计
月	日					
10	1	月初在产品成本	246 000	32 000	28 000	306 000
10	31	本月生产费用		41 000	32 000	73 000
10	31	生产费用合计	246 000	73 000	60 000	379 000
		完工产品产量	80	80	80	
		在产品约当产量	40	20	20	
		产量合计(件)	120	100	100	
10	31	费用分配率	2 050	730	600	
10	31	转出完工产品成本	164 000	58 400	48 000	270 400
10	31	单位成本	2 050	730	600	3 380
10	31	月末在产品成本	82 000	14 600	12 000	108 600

表 4-8　基本生产成本明细账

产品批号:68　　　　　　投产日期:10 月 3 日　　　　　　完工日期:
产品名称:乙产品　　　　产品批量:80 件　　　　　　完工产量:

2017		摘　要	直接材料	直接人工	制造费用	合　计
月	日					
10	31	本月生产费用	42 800	7 200	2 400	52 400
10	31	月末在产品成本	42 800	7 200	2 400	52 400

表 4-9　基本生产成本明细账

产品批号:109　　　　　　投产日期:10 月 9 日　　　　　　完工日期:10 月 25 日
产品名称:丙产品　　　　产品批量:100 件　　　　　　完工产量:40 件

2017		摘　要	直接材料	直接人工	制造费用	合　计
月	日					
10	31	本月发生费用	30 000	14 000	7 000	51 000
10	31	本月生产费用合计	30 000	14 000	7 000	51 000
10	31	单件产品定额成本	290	130	66	486
10	31	转出完工产品成本	11 600	5 200	2 640	19 440
10	31	月末在产品成本	18 400	8 800	4 360	31 560

表 4-10　基本生产成本明细账

产品批号:116　　　　　　投产日期:10 月 12 日　　　　　　完工日期:10 月 27 日
产品名称:丁产品　　　　产品批量:60 件　　　　　　完工产量:60 件

2017		摘　要	直接材料	直接人工	制造费用	合　计
月	日					
10	31	本月发生费用	24 000	8 640	2 280	34 920
10	31	本月生产费用合计	24 000	8 640	2 280	34 920

2017		摘　要	直接材料	直接人工	制造费用	合　计
月	日					
10	31	转出完工产品成本	24 000	8 640	2 280	34 920
10	31	单位成本	400	144	38	582

4.5　简化分批法

在同一月份投产的产品批数很多,且月末未完工批数较多的企业,各种间接费用在各批次产品之间按月进行分配的工作量很大。为了简化会计核算的工作量,可以将间接费用累计起来,采取简化的分批法,以减少间接费用分配的工作量。

1. 简化分批法的含义

简化分批法是指在分批成本法的成本计算中,只对每月已经完工的批号或订单的产品进行间接费用的分配,对未完工的批号或订单产品应负担的间接费用,待其完工以后再计算的一种方法,所以又称为间接费用的累计分配法。在这种方法下,只有已经完工的产品才对所归集的间接费用进行分配,未完工的产品不承担间接费用的分配。

2. 简化分批法的适用范围

①在小批或单件生产的企业,同一月份内投产的产品批数较多的企业。

②本月投产批次较多且月末未完工产品批数也多的企业,可采用简化分批法进行处理,如机械制造厂、修理厂等。

3. 简化分批法的核算程序

①按批号或订单设置生产成本明细账,登记该批号或订单产品完工前的直接费用和生产工时,但不登记间接费用,用来进行各该批次产品的成本计算与期末成本分配。

②设置基本生产成本二级账,登记所有批号或订单的累计生产费用和工时资料。该生产成本二级明细账不仅按成本项目设专栏,还要设置生产工时专栏,用来登记企业或车间所有批号或订单产品的累计间接生产费用和生产工时,待在产品完工时,为间接费用的分配提供资料。

③计算间接费用的分配率和分配额,进行完工产品和在产品间的分配。

$$间接费用的分配率＝间接费用的合计数÷全部批次产品累计工时$$

$$某批次完工产品应承担的间接费用＝\frac{该批次完工}{产品耗用的工时}×\frac{间接费用}{的分配率}$$

④进行完工产品和在产品的成本计算。在简化分批法中,完工产品成本的形成由两部分构成:一是平时在基本生产成本明细账中归集的直接费用(由期末成本计算方法确定完工产品负担的部分);二是间接费用部分,由上述计算方法确定承担的部分。两者合计数则为该批完工产品的成本。

4. 简化分批法的特点

①设置基本生产成本二级明细账。在按批次设置基本生产成本明细账的同时,还应设置基本生产成本二级账。前者在平时只登记直接费用,即能直接计入该批次产品的原材料、人工

和其产生的工时,后者则归集企业投产的所有批次产品的各项费用(包括直接费用和间接费用)和累计的全部生产工时。

②在有完工产品的月份,计算累计间接费用分配率。每月发生的间接费用,不是按月在各个批次产品之间进行分配,而是先在基本生产成本二级账中累计起来,有完工产品的月份,按照完工产品累计生产工时的比例,在各完工产品之间进行分配,对未完工产品则不进行分配。那么,在各批次产品的基本生产成本明细账中体现的是在产品的部分成本,即直接成本,基本生产成本二级账的期末余额体现的是所有在产品的成本。

③根据同一个累计间接费用分配率分配间接费用。对当月完工的不同批次的产品,在成本计算过程中,均根据同一个累计间接费用分配率进行分配。这不仅简化了间接费用分配工作,还简化了对未完工产品基本生产成本明细账的登记,且未完工产品批数越多,核算工作越简单。

5.简化分批法的局限性

在这种方法下,各未完工产品批号的成本明细账不能完整地反映各批产品的在产品成本。另外,如果各月的间接费用相差很大,还会影响各月产品成本的正确性。如前几个月的间接费用高,而本月间接费用低,某批产品本月投产本月完工,则该批产品就会负担较高的间接费用。如果月末未完工产品的批数不多,则不能简化其核算工作量,反而影响计算的正确性。

综上所述,简化分批法在运用时应该具备两个条件:一是各个月份的间接费用水平较为均衡;二是月末未完工产品的批数较多。这样才能既保证简化其核算的工作量,又能保证计算结果的准确性。

【任务实施】

根据任务资料,采用分批法设置与登记生产成本明细账,计算各批产品的完工产品成本和月末在产品成本,见表4-11、表4-12和表4-13。

表4-11　基本生产成本明细账

产品批号:921　　　　　　　　投产日期:9 月　　　　　　　　完工日期:

产品名称:甲产品　　　　　　　产品批量:40 件　　　　　　　完工产量:10 件

摘　　要	直接材料	直接人工	制造费用	合　　计
月初在产品成本	24 000	32 00	4 660	31 860
本月生产费用		8 800	122 000	130 800
生产费用合计	24 000	12 000	126 660	162 660
完工产品成本	6 000	3 600	5 000	14 600
月末在产品成本	18 000	8 400	121 660	148 060

表4-12　基本生产成本明细账

产品批号:922　　　　　　　　投产日期:8 月　　　　　　　　完工日期:

产品名称:乙产品　　　　　　　产品批量:20 件　　　　　　　完工产量:15 件

摘　　要	直接材料	直接人工	制造费用	合　　计
月初在产品成本	0	0	0	0
本月生产费用	47 600	12 000	15 000	74 600
生产费用合计	47 600	12 000	15 000	74 600
完工产品成本	35 700	10 285.71	12 857.14	58 842.86
月末在产品成本	11 900	1 714.29	2 142.86	15 757.14

表 4-13 基本生产成本明细账

产品批号:923　　　　　　　投产日期:8 月　　　　　　　完工日期:

产品名称:丙产品　　　　　　产品批量:20 件　　　　　　　完工产量:0 件

摘 要	直接材料	直接人工	制造费用	合 计
月初在产品成本	0	00	0	0
本月生产费用	49 200	4 688	6 240	60 128
生产费用合计	49 200	4 688	6 240	60 128
月末在产品成本	49 200	4 688	6 240	60 128

任务五 产品成本计算的分步法

2-5

【任务布置】

宏兴制造企业的甲产品连续经过一车间、二车间制造,一车间所生产半成品仅供下一步骤继续加工,不对外出售,采用平行结转分步法计算甲产品成本。生产费用在完工产品与在产品之间的分配采用约当产量法,材料在生产开始时一次投入,各步骤在产品的完工程度为 50%。2017 年 10 月份两个车间的产量记录和成本资料分别见表 5-1 和表 5-2。

表 5-1 产量记录

项 目	一车间	二车间
月初在产品	300	200
本月投入量	900	800
本月完工量	800	680
月末在产品	400	320

表 5-2 成本资料

成本项目	一车间		二车间	
	月初在产品成本	本月发生费用	月初在产品成本	本月发生费用
直接材料	79 000	180 000		
直接人工	12 000	30 000	4 800	12 000
制造费用	7 200	18 000	2 400	6 000
合 计	98 200	228 000	7 200	18 000

请根据上述成本资料,登记一车间和二车间的生产成本明细账,并填制甲产品成本汇总表。

【知识准备】

5.1 分步法的特点

分步法是以产品品种和生产步骤作为成本计算对象,按照生产过程中的各个加工步骤归集生产费用,计算各步骤半成品和最终完工产品成本的一种方法。

分步法计算成本的特点如下:

①以产品的品种及其经过的各生产步骤为成本计算对象,设置产品生产成本明细账,归集生产费用。分步法要求产品成本明细账按照生产步骤设立,最后按产品品种进行反映。在多步骤大批量生产的企业,每个加工步骤所生产的半成品,在其形态和性质上各不相同,计量单位也可能不一样,而且各步骤生产的半成品,既可能被本企业的下个步骤所耗用,也可能被出售。因此,成本计算必须按各步骤进行归集。当企业只生产一种产品时,成本计算对象就是该产成品及其生产过程中的各个步骤;如果是多种产品,成本计算对象则是所生产的各个产品及其相应的各生产步骤。

②成本计算期和会计报告期一致,即按月定期计算产品成本。在大批量生产的企业,由于生产是连续不断地进行,原材料需要连续不断地投入,产品也是连续不断地完工,不可能在产品全部生产完工时才计算产品成本,只能定期在月末计算当月完工产品的成本,从而成本计算期和会计报告期一致,而与生产周期不一致。

③月末生产费用一般在完工产品和在产品之间进行分配。在大批量生产的企业,其产品的生产过程较长,且可以间断陆续完工。因此,在月末就不可避免地存有在产品,为了正确计算本月完工产品成本,就必须采用适当的方法,将本期归集的累计生产费用在完工产品和在产品之间进行分配。

由此可见,分步法与品种法、分批法相比,其成本计算实体与成本计算空间范围均不相同,其生产费用的归集只有按生产各步骤进行归集和分配,才能正确计算产品成本,满足管理的需求。

5.2　分步法的适用范围

由于分步法既要计算各步骤半成品的费用、成本,又要计算最后完工产品的总成本和单位成本,因此它一般适用于大量、大批连续式复杂生产,同时管理上也要求分步核算企业或车间的成本。这些企业的半成品不仅是下个步骤生产加工的对象,同时也可以直接出售。为了进一步反映各车间对成本计划的执行情况,需要各步骤的成本计算信息。

5.3　分步法的分类

由于各个企业生产工艺的特点和管理对各步骤成本资料的要求不同,按各生产步骤成本计算和各半成品成本是否随半成品实物转移而结转,分步法可分为逐步结转分步法和平行结转分步法。在逐步结转分步法下,按半成品成本在下一步骤成本明细账中反映的方法不同,又可分为综合结转分步法和分项结转分步法。

5.4　逐步结转分步法

1.逐步结转分步法的特点

在大批量、多步骤生产的企业,产品的生产是由一系列循序渐进的多个步骤逐步加工而成,这类企业的生产除了最后步骤生产出的完工产品以外,其他步骤生产的都是半成品。为了加强对各步骤成本的管理及由于各种特殊需要,如自制半成品的外销、自制半成品可加工成不同的产成品等,需要在各半成品实物转移的同时也要将其半成品的成本进行结转,这样就需要逐步计算各步骤半成品的成本。

综上所述,逐步结转分步法就是指按照产品加工顺序,逐步计算并结转半成品成本,直到最后一个步骤完成,才能计算出最终完工产品成本的一种方法。它又称顺序结转分步法或计算半成品成本的分步法。

逐步结转分步法的特点如下:

①成本明细账是按最终完工产成品及其所经过的各生产步骤来设置的,同时也可按各步骤生产的半成品设置。在实际工作中,生产步骤的划分与实际生产步骤不一定一致,企业应根据管理的要求和简化核算的原则,可只对管理上要求分步计算成本的生产步骤,设置成本明细账,单独计算其成本;对管理上不要求分步计算成本的生产步骤,则可以与其他生产步骤合并计算成本。

②成本的归集与结转。按照产品的加工顺序,分别计算各生产步骤成本计算对象的成本,并将成本依次结转,直至最后完工产品成本的形成。

③半成品成本的构成。在这种方法下,前一步骤的半成品成本会随着半成品实物的转移而相应地进行结转。因此,各生产步骤的半成品,都是由上一步骤转来的半成品成本加上本步骤发生的材料、人工和其他费用构成。

④期末成本的分配。由于要计算各步骤半成品的成本,期末在进行成本的分配时,应将各步骤归集的生产费用,在完工半成品和狭义在产品之间进行分配,只有最后步骤归集的生产费用是在产成品和狭义在产品间进行分配。

2.逐步结转分步法的适用范围

①自制半成品有对外销售的企业。

②半成品可加工成不同产成品的企业。

③管理上要求提供半成品成本的企业。

3.逐步结转分步法的核算程序

在逐步结转分步法下,其半成品成本会随着半成品实物的转移而结转,因此其成本核算程序就要受半成品实物流转程序的制约。在实际操作过程中,各个生产步骤完工的半成品转入下一生产步骤,通常有两种处理方法:一是通过半成品库收发,即先验收入库,下一生产步骤根据需要从仓库中领出所需加工的半成品;二是直接转移,即半成品不入库,上一步骤半成品完工验收合格后,直接转入下一生产步骤中继续加工。半成品的实物流转程序不同,其成本核算程序也不同。

第一种:半成品不通过仓库收发的情况。

如果半成品不通过仓库收发,在逐步结转分步法下,其成本核算程序主要分三步进行。

①计算第一步骤完工半成品的成本。它等于本步骤发生的直接材料、直接人工和制造费用之和。

②计算第二步骤半成品的成本。随着半成品实物的转移,将上一步骤成本转入第二步骤产品成本明细账中,加上第二步骤发生的各项费用,即为该步骤半成品的成本,以此类推。

③计算完工产成品的成本。随着加工步骤的进行,依次逐步累计结转而成。

第二种:半成品的完工入库和领用通过仓库收发进行。

在逐步结转分步法下,半成品通过仓库收发的,其基本核算程序和不通过仓库收发相类似,主要的区别在于如果半成品通过仓库收发,则要设置"自制半成品"会计科目具体核算完工半成品的入库和发出情况。

不管半成品是否通过仓库收发核算,逐步结转分步法实际上是品种法的多次运用。第一步骤半成品成本的计算实际上就是采用了品种法,将已完工的半成品成本计算出来以后,随着半成品实物的转移,再用品种法计算下一步骤半成品的成本,如此逐步进行结转,直至最后生产步骤产品完工入库,计算最终完工产成品的成本。

4. 半成品成本的结转

在逐步结转分步法下,半成品的成本结转随着实物的转移而进行,根据半成品成本在下一步骤产品成本明细账中反映的方式,分为综合结转法和分项结转法两种方法。

(1)综合结转法

综合结转法就是将各步骤所耗上一步骤的半成品成本不分直接材料、直接人工、制造费用等成本项目进行结转,而是以一个综合金额计入该步骤产品成本明细账中的"直接材料"或"上步骤转入半成品"成本项目中的一种成本结转方法。综合结转可以按照半成品的实际成本进行,也可以按照半成品的计划成本或额定成本进行。

①半成品按实际成本综合结转。

采用实际成本结转方法,各生产步骤所耗上一步骤半成品成本,应该根据所耗半成品的实际数量乘以半成品的实际单位成本计算。如果半成品通过半成品库收发,由于各月所产半成品的实际单位成本不同,因而领用半成品实际单位成本的计算,可以根据企业的实际情况,选择先进先出法、加权平均法等方法确定。

②半成品按计划成本综合结转。

在采用实际成本综合结转方法下,只有在上一步骤成本计算完成后,才能进行下一步骤的成本计算。为了解决这一问题,可采用半成品按计划成本综合结转的方法。采用这种结转方法时,半成品的日常收发均按计划成本核算;在半成品实际成本算出以后,再计算半成品的成本差异率,调整所耗半成品的成本差异。按计划成本综合结转所耗用自制半成品,自制半成品明细账及产品成本明细账格式与按实际成本结转的格式是不同的,主要表现在以下两方面:

第一方面,为了调整所所耗用半成品的成本差异,自制半成品明细账不仅要反映半成品收发和结存的数量和实际成本,而且要反映半成品的收发和结存的计划成本、成本差异额和成本差异率。

第二方面,在第二车间(包括第一车间以后的所有车间)的产品成本明细账中,对于所耗用半成品,为了简化核算,可以按照调整成本差异后的实际成本登记;为了分析上一步骤半成品成本差异对本步骤成本的影响,可以按照所耗用半成品的计划成本和成本差异分别登记。在后一种登记方法下,产品成本明细账"半成品"项目(或直接材料项目)要分别设"计划成本"、"成本差异"和"实际成本"三栏。

按照上述综合结转方式计算出的产成品成本,不能提供按照原始成本项目结构反映的成本资料。在生产步骤较多的情况下,逐步综合结转半成品成本后,表现在产成品成本中的绝大部分费用是最后一个生产步骤所耗半成品成本,其他费用只是最后一个生产步骤的费用,在产成品成本中所占比重很小。这显然不符合产品成本的实际结构,因而不能据以从整个企业的角度来考核和分析产品成本的原始构成和水平。因此,当企业成本管理上要求提供按照实际成本项目考核和分析产品成本计划的完成情况资料时,就需要将半成品综合成本项目还原为其原始成本项目。

具体成本还原方法是:从最后一个生产步骤开始,将产成品所耗上一生产步骤半成品综合成本,按照上一生产步骤本月所产该半成品的成本构成,分解还原成上一步骤成本项目的成本;再将其中的半成品综合成本分解还原成再上一步骤的成本项目的成本,直到第一生产步骤。然后,将各生产步骤相同成本项目(除半成品项目外)的成本数额加以汇总,就可以求得成本还原后的产成品成本,即按照原始成本项目反映的产成品成本。成本还原计算公式如下:

$$还原分配率=\frac{产成品所耗用上一步骤半成品成本合计}{本月上一步骤所产半成品成本合计}$$

成本还原工作一般通过编制产成品成本还原计算表进行。产成品的生产有两个步骤的,须还原一次;有三个步骤的,须还原两次;以此类推。

(2)分项结转法

分项结转法就是将各步骤所耗用的上一步骤半成品的成本,按成本项目分项转入各该步骤产品成本明细账的相应成本项目中的一种方法。如果半成品是通过半成品仓库收发的,半成品收发明细账也要分成本项目进行登记。这种方法可以直接反映产品成本的原始成本构成,明确产品成本资料,不需要进行成本还原,但对于生产步骤较多的企业,登账手续比较烦琐且工作量大。

在分项结转法下,各步骤半成品的结转可按计划成本进行,但在期末要作差异调整;也可按实际成本结构结转。在企业里通常按实际成本结转。

分项结转法具有以下几个特点:

①当各步骤半成品的成本随实物转移时,其转入到下个步骤的成本是按成本项目分项结转的,而不是整体结转的。

②无需进行成本还原,可以直接、及时地按原始成本项目提供相应的成本信息,便于从整个企业角度考核和分析产品成本计划的执行情况。

③成本结转工作相对烦琐,且各步骤完工产品成本中不能反映本步骤的加工费用及本步骤耗用上步骤的成本,不便于进行各步骤完工产品的成本分析。

可见,分项结转法一般适用于管理上只要求按原始成本项目计算产品成本,不要求计算各步骤完工产品所耗用的半成品成本和本步骤加工费用的企业。

5.逐步结转分步法的优缺点

(1)逐步结转分步法的优点

①由于半成品的成本转移和实物转移同步进行,各生产步骤产品成本明细账的期末余额为该步骤的在产品成本,与该步骤的在产品实物一致,为各步骤的半成品的实物管理和资金管理提供了资料。

②按产品的加工步骤计算各步骤半成品和产成品成本,为确定半成品的销售价格提供了依据,并有利于分析、考核企业产品成本计划的执行情况。

(2)逐步结转分步法的缺点

①产品成本的计算按加工步骤顺序进行,要等到上个步骤半成品成本计算结转后,才能进行下个步骤成本的计算,且成本核算工作比较复杂,有时会影响成本计算的及时性。

②成本核算工作量大。如采用综合逐步结转法进行成本核算,成本还原的工作量大且

复杂,也不能确切反映产成品材料的构成情况;如采用分项结转法,则各步骤成本的结转工作量较大。

5.5　平行结转分步法的核算

1.平行结转分步法的特点

平行结转分步法是指各加工步骤不计算各步骤半成品成本,也不计算各步骤所耗用上一步骤半成品的成本,只计算本步骤发生的直接材料、直接人工和制造费用,以及这些费用中应计入完工产品成本的份额,将相同产品的各步骤应计入产成品成本的份额平行汇总,并计算出该产品成本的一种计算方法。平行结转分步法也称不计算半成品成本的分步法。

与逐步结转分步法相比,平行结转分步法有以下几个特点:

①成本计算对象是各生产步骤和最后完工步骤的产成品。在平行结转分步法下,各生产步骤的半成品均不作为成本计算对象,各步骤的成本计算是为了得出最终完工产成品的成本。因此,从各步骤成本明细账中转出的成本只是计入最终产成品的份额,各步骤半成品明细账不能提供其生产的半成品的成本资料。

②半成品成本不随半成品的实物转移而转移。在平行结转分步法下,各步骤不计算半成品成本,只归集各步骤的生产费用及计算应计入产成品成本的份额。因此,各步骤的半成品资料保留在该步骤的成本明细账中,并不随实物转移而转移。即无论半成品是在各生产步骤间直接转移还是通过半成品库收发,均不通过“自制半成品”账户进行核算。

③月末,各生产步骤所归集的生产费用需要在完工产品与广义的在产品间进行分配。完工产品是指已经完成了所有生产步骤并已入库的产品。广义在产品包括本步骤加工中的在产品、本步骤已经加工完成转入半成品库的半成品、本步骤已经加工完成转入以后各步骤继续加工但尚未形成最终完工产品的在产品。

④将各步骤费用按份额计入产成品中,平行结转、汇总计算出产成品的总成本和单位成本。

2.平行结转分步法的适用范围

平行结转分步法一般适用于大量、大批、多步骤生产且各步骤所产的半成品的种类很多,半成品一般不对外销售,在管理上不要求计算半成品成本的企业。例如,机械制造业,一般按生产工艺过程设置铸造、加工、装配等车间,各车间生产的半成品种类较多但不对外销售。这类企业,为简化和加速成本的计算工作,不用计算各步骤完工半成品的成本,也不计算各步骤所耗用上一步骤的半成品的成本,而只计算本步骤发生的直接材料、直接人工和制造费用以及本步骤应计入完工产品成本的份额,将相同产品的各步骤应计入产成品的份额平行汇总,即可计算出完工产品的成本。

3.平行结转分步法的核算程序

①按产品品种和加工步骤设置成本明细账,各步骤成本明细账分别按成本项目归集本步骤发生的生产费用(不包括耗用上步骤半成品的成本)。

②月末,将各步骤生产费用在产成品和广义的在产品间进行分配,计算各步骤应计入产成品成本的份额。

③将各步骤生产费用中应计入产成品的份额按成本项目平行结转,汇总计算出产成品的

总成本和单位成本。

平行结转分步法成本计算的程序图如图 5-1 所示。

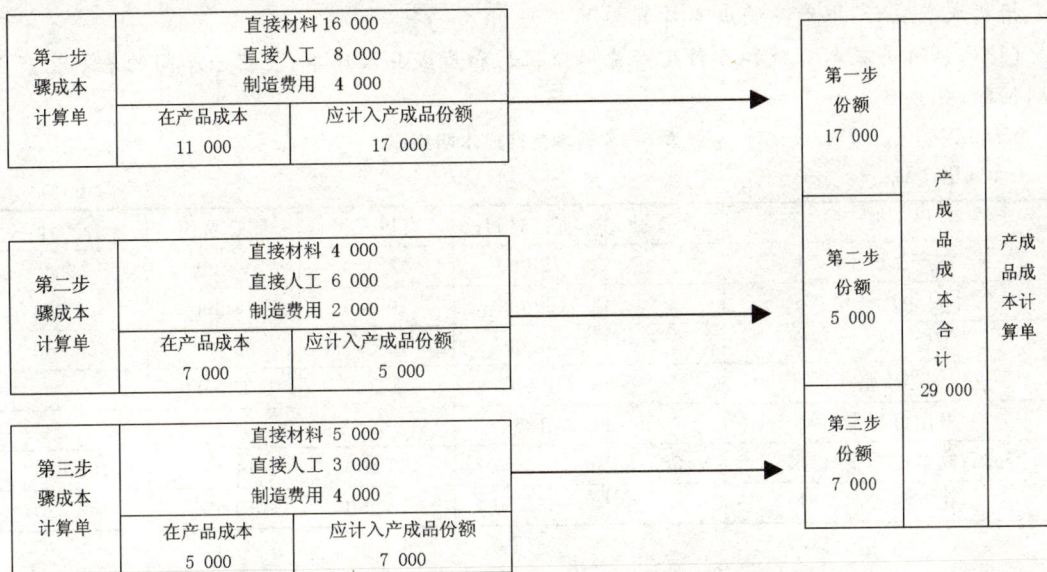

第一步骤成本计算单	直接材料 16 000	
	直接人工 8 000	
	制造费用 4 000	
	在产品成本 11 000	应计入产成品份额 17 000

第二步骤成本计算单	直接材料 4 000	
	直接人工 6 000	
	制造费用 2 000	
	在产品成本 7 000	应计入产成品份额 5 000

第三步骤成本计算单	直接材料 5 000	
	直接人工 3 000	
	制造费用 4 000	
	在产品成本 5 000	应计入产成品份额 7 000

产成品成本计算单：
- 第一步份额 17 000
- 第二步份额 5 000
- 第三步份额 7 000
- 产成品成本合计 29 000

图 5-1　平行结转分步法成本计算程序图

如何正确计算各步骤生产费用中应计入产成品成本的份额,即每一生产步骤的生产费用如何正确地在完工产品和广义在产品之间分配,是正确计算产成品成本的关键。在计算份额时,应充分考虑最终完工产成品数量、本步骤半成品的单位成本及单位产成品耗用本步骤半成品的数量。一般情况下,月末各步骤应计入产成品成本中的费用份额的计算公式如下:

$$某步骤应计入产成品成本的份额 = \frac{产成品}{数量} \times \frac{单位产成品耗用该}{步骤半成品数量} \times \frac{该步骤半成}{品单位成本}$$

$$某步骤半成品单位成本 = \frac{该步骤月初在产品成本 + 该步骤本月发生的生产费用}{该步骤完工产品数量(约当产量)}$$

某步骤完工产品数量(约当产量)

＝该步骤狭义月末在产品约当产量＋本月完工产成品所耗用该步骤半成品数量＋该步骤已完工留存在半成品库和以后各步骤月末半成品数量

＝该步骤的月初半成品数量＋本月完工半成品数量＋该步骤狭义月末在产品约当产量

在采用平行结转分步法计算产品成本时,将各生产步骤应计入相同产品的产品份额平行结转汇总,即可计算出产成品成本。

4.平行结转分步法的优缺点

平行结转分步法不计算结转半成品的成本,各步骤可以同时计算产成品成本,然后将应计入产成品成本的份额进行平行结转,汇总计入产成品成本中,从而简化和加速成本的计算工作。但是,由于采用这一方法时各步骤不计算也不结转半成品成本,不能提供各步骤半成品成本及所耗用上步骤半成品成本,因而不能全面反映各步骤生产耗用情况,不利于各步骤的成本管理。此外,由于各步骤间不结转半成品成本,使其实物与价值转移相脱节,也不能为各步骤在产品实物管理和资金管理方面提供资料,所以在平时应加强各步骤半成品收发结存的管理,以弥补其不足。

【任务实施】

根据成本资料,甲产品的成本计算如下:

(1)根据有关成本资料和各种生产费用分配表和产成品入库单,登记一车间的基本生产成本明细账,见表5-3。

表5-3　基本生产成本明细账

一车间甲产品

摘　要	产　量	直接材料	直接人工	制造费用	合　计
在产品成本		79 000	12 000	7 200	98 200
本月生产费用		180 000	30 000	18 000	228 000
合　计		259 000	42 000	25 200	326 200
约当产量		1 400	1 200	1 200	
费用分配率		185	35	21	
产成品成本中本步"份额"	680	125 800	23 800	14 280	163 880
在产品成本		133 200	18 200	10 920	162 320

(2)根据有关成本资料和各种生产费用分配表和产成品入库单,登记二车间的基本生产成本明细账,见表5-4。

表5-4　基本生产成本明细账

二车间甲产品

摘　要	产　量	直接材料	直接人工	制造费用	合　计
在产品成本			4 800	2 400	7 200
本月生产费用			12 000	6 000	18 000
合　计			16 800	8 400	25 200
约当产量			840	840	
费用分配率			20	10	
产成品成本中本步"份额"	680		13 600	6 800	20 400
在产品成本			3 200	1 600	4 800

(3)根据一、二车间基本生产成本明细账所记完工产品成本份额,平行汇总完工产品成本,见表5-5。

表5-5　甲产品成本汇总表

车　间	产　量	直接材料	直接人工	制造费用	合　计
一车间	680	125 800	23 800	14 280	163 880
二车间	680		13 600	6 800	20 400
合　计	680	125 800	37 400	21 080	184 280
单位成本	680	185	55	31	271

单元小结

●典型品种法是一种在多产品条件下运用品种法进行成本计算的方法。企业应分品种分别设置生产成本明细账，用来归集生产费用并进行期末分配。在多步骤大量大批同时生产多种产品的企业，期末会存有一定数量的在产品，因而要将生产费用在完工产品和在产品之间分配，其核算过程相对复杂。应注意成本核算顺序，特别是辅助生产费用的分配应先于制造费用的分配。最后，采用合适的方法对生产费用在完工产品和在产品之间进行分配。

●在产品完成生产过程、验收合格入库以后，就称为完工产品。

●在产品分为狭义在产品和广义在产品。狭义在产品是就车间、分厂或某一生产步骤而言的，正在加工中的产品。广义在产品是就整个企业而言的，指期末没有完成全部生产过程，不能作为产品对外销售的产品。

●在完工产品和在产品之间分配费用的方法。一类方法：先计算月末在产品成本，再求完工产品成本，如在产品不计算成本法、在产品按年初数固定成本计价法、在产品按所耗直接材料费用计价法、在产品按定额成本计价法。另一类方法：将累计费用，采用适当的比例，在完工产品成本和月末在产品成本之间分配，如在产品按完工产品计算法、约当产量比例法和定额比例法。

●在产品按定额成本计价法的计算程序：首先按定额成本计算月末在产品成本，再求完工产品成本，即将生产费用总和减去在产品的定额成本。

●约当产量比例法的计算程序：计算确定在产品完工率；计算在产品的约当产量，即在产品的约当产量等于在产品产量乘以在产品完工率；计算各项成本项目费用分配率；计算完工产品和在产品的成本。其分配标准为完工产品产量和在产品的约当产量。

●定额比例法是指按照定额消耗量或定额费用的比例，分配完工产品和月末在产品成本的一种方法。其分配标准为：完工产品定额资料，即直接材料费用采用直接材料定额消耗量或直接材料定额费用，直接人工等加工费用采用定额工时或定额费用；在产品的定额资料，即直接材料费用采用直接材料定额消耗量或直接材料定额费用，直接人工等加工费用采用定额工时或定额费用。

●分步法是按产品的品种及所经过的生产步骤作为成本核算对象来归集生产费用、计算产品成本的方法。分步法按是否要在各步骤间结转半成品成本，分为逐步结转分步法和平行结转分步法。在逐步结转分步法下，按半成品成本在下一步骤成本明细账中的反映方法不同，又分为综合结转分步法和分项结转分步法。

●逐步结转分步法是按照产品加工顺序，逐步计算并结转半成品成本，直到最后一个步骤完成，才能计算出最终完工产品成本的一种方法。在逐步结转分步法下，其半成品成本会随着半成品实物的转移而结转，因此，其成本核算程序就要受半成品实物流转程序的制约。

●平行结转分步法下，不计算各步骤半成品成本，也不计算各步骤耗用上步骤半成品的成本，只需计算各步骤应计入产成品的份额，最后平行汇总得出最终完工产品成本的方法。这种方法的运用，关键是计入产成品份额的计算，同时也要理解其实物流和成本流是相互分离的。

●分批法是成本计算方法之一，它是以产品的批别或批号为成本计算对象归集生产费用的计算方法。

●分批法和品种法的区别有很多,主要体现在:成本对象的设置、成本计算期的确定、月末完工产品与在产品生产费用的分配等,特别是对间接费用的处理方面,当企业投产批次多且月末未完工产品也较多的情况下,可以采用简化的分批法,即间接费用累计分配法,只针对本期有完工产品时才分配间接费用,未完工产品不分配间接费用,简化了核算的工作量。

●在简化分批法下,还设置"基本生产成本二级明细账",它归集了所有批次产品的成本信息及工时资料,期末余额也反映的是全部在产品成本资料,而各批次产品成本明细账平时只登记直接费用和工时信息,只有当有完工产品时,才完整地反映完工产品成本的构成,期末余额反映的是在产品的直接费用。因此,应正确理解"基本生产成本二级账"和"基本生产成本明细账"的信息。

闯关考验

一、知识思考

1.简述产品计算的品种法的概念、适用范围。

2.为什么说分批法下一般不存在完工产品和在产品费用的分配?

3.分批法与品种法相比有哪些特点?

4.在逐步结转分步法下,若半成品通过半成品库收发,应如何进行核算?

5.什么是成本还原?为什么要进行成本还原?如何进行成本还原?

二、技能测试

辰宇公司采用简化分批法计算甲产品各批产品成本。3月份各批产品成本明细账中有关资料如下:

1023批号:1月份投产22件。本月全部完工,累计原材料费用79 750元,累计耗用工时8 750小时。

2011批号:2月份投产30件。本月完工20件,累计原材料费用108 750元,累计耗用工时12 152小时;原材料在生产开始时一次投入;月末在产品完工程度为80%,采用约当产量比例法分配所耗工时。

3015批号:本月投产15件。全部未完工,累计原材料费用18 125元,累计耗用工时2 028小时。基本生产成本二级账归集的累计间接计入费用为:工资及福利费36 688元,制造费用55 032元。

要求:根据以上资料计算累计间接费用分配率和甲产品各批完工产品成本(列出计算过程)。

三、理论测试

(一)单选题

1.下列方法中,最基本的成本计算方法是(　　　　)。
A.品种法　　　　　B.分批法　　　　　C.分步法　　　　　D.分类法

2.品种法适用的生产组织是(　　　　)。
A.大量成批生产　　B.大量大批生产　　C.大量小批生产　　D.单件小批生产

3.产品成本计算分步法的成本计算对象是(　　　　)。
A.产品类型　　　　B.产品的品种　　　C.产品的批别　　　D.产品的生产步骤

4.下列企业中,适合运用品种法计算产品成本的是(　　　　)。
A.发电机　　　　　B.纺织厂　　　　　C.拖拉机厂　　　　D.造船厂

5.采用分批法时,作为成本计算对象的某一批别不可以是(　　　　)。
A.不同订单中的同种产品　　　　　　B.同一订单同种产品的组成部分
C.同一订单中的不同产品　　　　　　D.同一订单同种产品的部分批量

6.采用平行结转分步法时,完工产品和在产品之间的费用分配是(　　　　)。
A.各生产步骤完工半成品与月末在产品之间的费用分配
B.完工产品与月末狭义在产品之间的分配
C.完工产品与月末广义在产品之间的分配
D.完工产品与月末加工中在产品之间的费用分配

7.下列方法中,要进行成本还原的分步法是(　　　　)。
A.逐步结转分步法　　　　　　　　　B.平行结转分步法
C.综合结转分步法　　　　　　　　　D.分项结转分步

8.狭义在产品包括(　　　　)。
A.正在车间加工的在产品　　　　　　B.需进一步加工的半成品
C.对外销售的自制半成品　　　　　　D.产成品

9.在大量大批多步骤生产的情况下,如果管理上要求分步计算产品生产,其所采用的成本计算方法应是(　　　　)。
A.品种法　　　　　B.分批法　　　　　C.分步法　　　　　D.分类法

10.某产品生产由三个生产步骤组成,采用平行结转分步法计算产品成本,需要进行成本还原次数是(　　　　)。
A.2次　　　　　　B.3次　　　　　　C.0次　　　　　　D.1次

(二)多选题

1.下列方法中,属于产品成本计算的基本方法有(　　　　)。
A.品种法　　　　　B.分类法　　　　　C.分步法　　　　　D.分批法

2.以下属于品种法特征的有(　　　　)。
A.以产品的品种为成本计算对象　　　B.按月定期计算产品成本
C.一般用于大量大批生产　　　　　　D.成本计算期和生产周期一致

3.采用平行结转分步法,第二生产步骤的广义在产品包括(　　　　)。

A.第一生产步骤正在加工的在产品　　　B.第二生产步骤正在加工的在产品

C.第二生产步骤完工入库的半成品　　　D.第三生产步骤正在加工的在产品

4.下面对品种法表述正确的有(　　　　)。

A.以产品的品种为成本计算对象　　　　B.成本计算程序较为复杂

C.成本计算期与会计报告期一致　　　　D.可用于大量单步骤生产产品企业

5.属于简化分批法的适用范围和应用条件的是(　　　　)。

A.同一月份投产的产品批数很多　　　　B.月末完工产品的批数较少

C.各月间接费用水平相差不多　　　　　D.各月生产费用水平相差不多

6.计算半成品成本的分步法是(　　　　)。

A.逐步分项结转分步法　　　　　　　　B.平行结转分步法

C.按实际成本综合结转分步法　　　　　D.按计划成本综合结转分步法

7.产品成本计算的分批法适用于(　　　　)。

A.单件小批类型的生产　　　　　　　　B.小批单步骤生产

C.大量大批的单步骤　　　　　　　　　D.大量大批的多步骤

8.采用分步法时,作为成本计算对象的生产步骤可以是(　　　　)。

A.按生产车间设立　　　　　　　　　　B.按实际生产步骤设立

C.在一个车间内按不同生产步骤设立　　D.将几个车间合并设立

9.以下各项中属于分步法特点的有(　　　　)。

A.成本计算期与产品生产周期一致　　　B.以产品生产步骤为成本核算对象

C.适用于大量大批多步骤生产　　　　　D.无需进行成本还原

10.以下各项中属于分批法核算的产品有(　　　　)。

A.新药实验　　　　B.重型机械　　　　C.大型船舶　　　　D.水泥

(三)判断题

1.品种法成本计算模型中的相关资料可以通过链接"资料"工作表获得资料,模型建立后经过保护,以后就只需更新"资料"工作表中的数据,自动计算出产品成本。　　　　(　　)

2.采用逐步结转分步法计算成本时,每一个步骤的成本计算都是一个品种法,实际上是品种法的多次连续应用。　　　　(　　)

3.采用平行结转分步法计算产品成本时,不论半成品是在各步骤之间直接转移,还是通过半成品库收发,都不通过"自制半成品"科目进行总分类核算。　　　　(　　)

4.采用平行结转分步法计算产品成本时,半成品成本要随着实物的转移而结转到下一加工步骤。　　　　(　　)

5.采用分步法时,不论是综合结转还是分项结转,第一个生产步骤的成本明细账的登记方法均相同。　　　　(　　)

6.采用简化分批法时,要设立各批产品明细账,明细账上,要登记全部的生产费用和耗用的生产工时。　　　　(　　)

7.采用分批法计算产品成本,一般不需要分配在产品成本。　　　　(　　)

8.从生产工艺过程看,品种法只适用于简单生产。　　　　(　　)

9.成本计算方法中的最基本的方法是分步法。　　　　　　　　　　　　　（　　　　）

10.成本计算的基本方法有:品种法、定额法、分步法。　　　　　　　　　（　　　　）

四、拓展实训

实训题一

实训课题:逐步结转分步法的业务核算

实训目的:掌握采用逐步结转分步法进行产品成本核算,并进行成本还原。

实训组织:每2~3名学生为一组,分别负责逐步结转分步法核算工作。

实训内容:

(一)实训资料

某企业采用逐步结转分步法计算产品成本,本月分两个生产步骤生产甲产品。原材料在开始生产时一次投入,第二步骤对第一步骤生产出来的半成品继续加工,生产出甲产品。各个生产步骤间不设半成品库,第一步骤直接转入下一个生产步骤。产品生产过程中除原材料外的其他费用在各个步骤陆续发生,月末各个生产步骤的在产品完工程度均为60%。有关资料如下:

项　目	第一生产步骤	第二生产步骤
月初在产品数量(件)	30	40
本月投产数量(件)	200	190
本月完工数量(件)	190	200

(二)实训要求

(1)将归集在各步骤成本计算单中的生产费用,采用约当产量法在各步骤的本月完工产品和月末在产品之间进行分配,并计算出完工产品和月末在产品成本。

(2)按成本还原率法将半成品成本还原。

第一生产步骤成本计算单　　　　　　　　　　　　　　　　　　　　单位:元

项　目	直接材料	直接人工	制造费用	合　计
月初在产品成本	600	200	150	950
本月发生费用	4 000	1 940	1 562	7 502
合　计				
约当产量				
完工产品成本				
月末在产品成本				

第二生产步骤成本计算单　　　　　　　　　　　　　　　　　　　　单位:元

项　目	直接材料	直接人工	制造费用	合　计
月初在产品成本	370	218	208	796
本月发生费用		2 180	1 100	10 500
合　计				

续表

项　目	直接材料	直接人工	制造费用	合　计
约当产量				
单位成本				
完工产品成本				
月末在产品成本				

产品成本还原计算表 产量:200 件

项　目	还原前 产成品成本	本月所产 半成品成本	成本还原	还原后 产成品成本	单位成本
还原分配率					
半成品					
原材料					
直接人工					
制造费用					
成本合计					

实训考核:

考核标准					
序号	考核项目	评分标准			
		A(100%)	B(80%)	C(60%)	D(0)
1	态度(50分)	保质保量完成	书写工整	书写不工整	未写或互相抄袭
2	质量(50分)	规范、符合实际	基本符合实际	—	未搞清所布置的问题
评价方式:学生互评,教师总评					
评分	学生	点评:		得分:	总　分
	教师	点评:		得分:	

实训题二

实训课题:平行结转分步法的业务核算

实训目的:掌握采用平行结转分步法进行产品成本核算。

实训组织:每2~3名学生为一组,分别负责平行结转分步法核算工作。

实训内容:

(一)实训资料

海西集团下属的闽江公司生产的丁产品经过三个车间连续加工制成,第一车间生产D半成品,直接转入二车间加工制成H半成品,H半成品直接转入三车间加工成丁产成品。其中,1件丁产品耗用1件H半成品,1件H半成品耗用1件D半成品。原材料于第一车间生产开始时一次投入,第二车间和第三车间不再投入材料。各车间月末在产品完工率均为50%。各车间生产费用在完工产品和在产品之间的分配采用约当产量法。

(1)本月各车间产量资料如下：

各车间产量资料表　　　　　　　单位:件

摘　要	第一车间	第二车间	第三车间
月初在产品数量	20	50	40
本月投产数量或上步转入	180	160	180
本月完工产品数量	160	180	200
月末在产品数量	40	30	20

(2)各车间月初及本月费用资料如下：

各车间月初及本月费用　　　　　　　单位:元

摘　要		直接材料	直接人工	制造费用	合　计
第一车间	月初在产品成本	1 000	60	100	1 160
	本月的生产费用	18 400	2 200	2 400	23 000
第二车间	月初在产品成本		200	120	320
	本月的生产费用		3 200	4 800	8 000
第三车间	月初在产品成本		180	160	340
	本月的生产费用		3 450	2 550	6 000

(二)实训要求

采用平行结转分步法计算丁产品成本。

(1)编制各生产步骤的约当产量计算表。

各生产步骤约当产量计算表　　　　　　　单位:元

摘　要	直接材料	直接人工	制造费用
第一车间步骤的约当产量			
第二车间步骤的约当产量			
第三车间步骤的约当产量			

(2)编制各生产步骤产品成本计算单。

产品成本计算单

车间:第一车间　　　　品名:丁产品(D半成品)　　　　单位:元

摘　要	直接材料	直接人工	制造费用	合　计
月初在产品成本				
本月发生费用				
合　计				
第一步骤约当产量				
分配率				
应计入产成品成本份额				
月末在产品成本				

产品成本计算单

车间:第二车间　　　　　　　品名:丁产品(H 半成品)　　　　　　　单位:元

摘　要	直接人工	制造费用	合　计
月初在产品成本			
本月发生费用			
合　计			
第一步骤约当产量			
分配率			
应计入产成品成本份额			
月末在产品成本			

产品成本计算单

车间:第三车间　　　　　　　品名:丁产品　　　　　　　单位:元

摘　要	直接人工	制造费用	合　计
月初在产品成本			
本月发生费用			
合　计			
第一步骤约当产量			
分配率			
应计入产成品成本份额			
月末在产品成本			

(3)编制产品成本汇总表。

产品成本汇总表　　　　　　　单位:元

项　目	数　量	直接材料	直接人工	制造费用	总成本	单位成本
第一车间						
第二车间						
第三车间						
合　计						

(4)编制库存商品结存会计分录。

实训考核:

考核标准					
序号	考核项目	评分标准			
		A(100%)	B(80%)	C(60%)	D(0)
1	态度(50分)	保质保量完成	书写工整	书写不工整	未写或互相抄袭
2	质量(50分)	规范、符合实际	基本符合实际	—	未搞清所布置的问题
评价方式:学生互评,教师总评					
评分	学生	点评:		得分:	总　分
	教师	点评:		得分:	

单元三　产品成本计算的辅助方法

知识目标

- ●理解分类法的特点
- ●理解分类法的适用范围
- ●掌握分类法计算程序
- ●掌握副产品成本计算程序
- ●理解定额法的特点
- ●掌握定额法的适用范围
- ●掌握定额法计算程序

能力目标

- ●熟练地应用分类法基本原理解决企业的成本计算
- ●熟练地应用定额法基本原理解决企业的成本计算
- ●依据企业的不同环境选择相应的成本计算方法

单元描述

　　前一单元我们对产品成本计算的基本方法进行了阐述,三种基本方法是制造企业产品成本计算的常用方法,一般来说,所有工业生产企业的产品成本计算都要用到其中的一种或多种。但在实际工作中,由于企业情况复杂,管理基础和管理水平及要求不一,使有的企业在采用前述三种基本方法的基础上对有些产品还采用其他一些成本计算方法。如在产品品种、规格繁多,但加工工艺基本相同的企业,为简化成本计算而采用的分类法;在定额管理工作较好的企业为配合管理采用定额法等。由于这些方法对计算产品实际成本来说并不是必不可少的,故一般称之为产品成本计算的辅助方法。本单元主要阐述分类法及联产品、副产品的成本计算,定额法的成本计算及应用举例。

任务六　产品成本计算的分类法

【任务布置】

庆隆纺织厂生产甲、乙、丙、丁四种产品。这四种产品经过的生产工艺过程、使用的材料均相同，只是规格不同，所以被划为 A 类产品进行成本计算。2017 年 9 月份月初设置的 A 类产品成本明细账资料如表 6-1 所示。

表 6-1　A 类产品成本明细账

2017 年 9 月

摘　要	直接材料	直接人工	制造费用	合　计
月初在产品成本	15 600	980	2 010	18 590
本月生产费用	86 800	52 500	73 250	212 550
合　计	102 400	53 480	75 260	231 140

A 类产品的产量及其定额资料如表 6-2 所示。

表 6-2　A 类产品产量、定额成本计算表

2017 年 9 月

产品名称	数量/件	材料定额成本/元		定额工时/小时	
		单　位	合　计	单　位	合　计
甲产品	270	50	13 500	14	3 780
乙产品	240	70	16 800	16	3 840
丙产品	350	60	21 000	18	6 300
丁产品	600	40	24 000	21	12 600
小　计			75 300		26 520
甲产品	100	50	5 000	7	700
乙产品	120	80	9 600	8	960
丙产品	80	70	5 600	9	720
丁产品	150	40	6 000	10	1 500
小　计			26 200		3 880
合　计			101 500		30 400

请根据上述资料，采用定额比例法计算完工产品和在产品成本。

【知识准备】

6.1　分类法的特点

产品成本计算的分类法是以产品类别作为成本计算对象，归集生产费用，计算各类产品成本，然后在类内采用一定标准在各种产品之间分配费用的一种方法。

　　产品成本计算的分类法与生产类型无直接关系，因而可以在各种类型的生产中应用。在生产的产品品种、规格繁多，但可以按照一定标准分类的情况下，为了简化计算工作而采用的一种辅助方法，实际工作中常常与品种法结合使用。

　　分类法具有如下特点：

　　①以产品类别为成本计算对象计算成本；

　　②成本计算期取决于生产特点及管理要求；

　　③一般要将按类归集的生产费用总额在完工产品和月末在产品之间进行分配；

　　④类内的各种产品成本要采用一定的分配方法分配确定。

6.2　分类法的适用范围

1. 联产品

　　在生产过程中对同一原料进行加工，生产出几种主要产品，这些产品为联产品，可归类计算成本。例如，原油经过提炼，可以炼出各种汽油、煤油、柴油等产品。

2. 主副产品

　　在生产主要产品的同时，附带生产出非主要产品，即副产品，主副产品可归类计算产品成本，然后，将主副产品进行分离，分别计算主要产品和副产品的成本。

3. 零星产品

　　在生产主要产品以外，还可能生产一些零星产品，虽然内部结构、所耗原材料和工艺过程不一定完全相近，但是它们的品种、规格多，而且数量少，费用比重小。为了简化成本计算工作，可归类计算成本。

4. 等级品

　　企业可能生产出品种相同，但质量不同的产品。如果这些产品的结构、所用的原材料和工艺过程完全相同，产品质量上的差别是由于人工操作而造成的，其不同等级产品的单位成本相同，因而不能用分类法的原理计算成本。如果内部结构、所用原材料的质量或工艺技术上的要求不同而产生的不同质量的产品，这些产品应是同一品种不同规格的产品，可归类计算成本。

6.3　分类法的成本计算程序

　　按照产品的类别作为成本计算对象，设立产品成本明细账，归集产品的生产费用，计算各类产品成本。

　　类内选择合理的分配标准，分配计算每类产品内各种产品的成本。

　　类内各种产品之间分配费用的标准可以是定额消耗量、定额费用、售价，以及产品的体积、长度、重量等。

1. 定额比例法

　　定额比例法是在类内各种产品之间分配费用的标准采用定额消耗量、定额费用、定额工时比例，计算某类完工产品总成本的一种方法。直接材料费用项目可按材料定额费用或材料定额消耗量比例分配，直接人工费用、制造费用等其他费用项目可按定额工时比例分配。

$$某类产品某项费用的分配率 = \frac{该类完工产品的}{某项实际费用} \times \frac{该类内各种产品该}{项费用的定额耗用量}$$

$$类内某产品某项实际成本 = \frac{类内该种产品该项}{费用的定额耗用量} \times \frac{该类产品该项}{费用的分配率}$$

2. 系数法

系数法是将分配标准折算成相对固定的系数,按照固定的系数分配同类产品内各种产品成本的一种方法。

首先,确定系数。一般是在同类产品中选择一种产量较大、生产比较稳定或规格折中的产品作为标准产品,把其分配标准额的系数定为"1";用其他各种产品的分配标准额与标准产品的分配标准额相比,求出其他产品的分配标准额与标准产品的分配标准额的比率,即系数。系数一经确定,应相对稳定不变。

其次,把各种产品的产量乘以系数,折合为标准产品的产量。

再次,按照标准产品产量的比例分配类内各种产品成本。

$$某种产品标准产量 = 该种产品实际产量 \times 该产品系数$$

$$某种产品某项费用的分配率 = \frac{该类完工产品}{该项费用总额} \div \frac{该类各种产品}{标准产量之和}$$

$$某种产品应负担某项费用 = 该种产品标准产量 \times 该种产品某项费用的分配率$$

6.4　分类法的优缺点

采用分类法计算产品成本,每类产品内各种产品的生产费用,不论是间接计入费用还是直接计入费用,都采用分配方法分配计算,因而领料凭证、工时记录和各种费用分配表都可以按照产品类别填列,产品成本明细账也可以按照产品类别设立,从而简化成本计算工作,而且还能够在产品品种、规格繁多的情况下,分类掌握产品成本的水平。

分类法缺点是由于同类产品内各种产品的成本均按一定的比例分配计算,因而计算结果有着一定的假定性。

6.5　分类法的应用条件

1. 产品类别的确定要适当

采用分类法,需要对各种产品按照一定要求进行分类,而且在进行产品分类时,类距要恰当,既不宜定得过小,使成本计算工作复杂,也不能定得过大,造成成本计算的"大锅烩"。

2. 类内分配标准的确定要适当

在选择分配标准时,要选择与成本水平高低有密切联系的分配标准分配费用。当产品结构、所用原材料或工艺过程发生较大变动时,应该修订分配系数或考虑另选分配标准,以保证成本计算的正确。

在同类产品内各种产品之间分配费用时,各成本项目可以采用同一分配标准分配,也可以按照成本项目的性质,分别采用不同的分配标准分配,以使分配结果更加合理。

6.6 分类法的应用举例

华龙美化工厂生产的 A 类产品包括甲、乙、丙三种产品。直接材料系数按单位材料费用定额确定,加工费用系数按单位产品工时消耗定额确定。2017 年 10 月份的 A 类产品成本明细账如表 6-3 所示。

表 6-3 A 类产品成本明细账

2017 年 10 月 30 日

摘 要	直接材料	直接人工	制造费用	合 计
月初在产品成本	20 00	1 600	3 150	24 750
本月生产费用	393 000	29 000	61 500	483 500
合 计	413 000	30 600	64 650	508 250
本月完工产品成本	375 000	25 600	55 000	455 600
月末在产品成本	38 000	5 000	9 650	52 650

A 类产品系数表计算见表 6-4。

表 6-4 A 类产品系数计算表

产品名称	单位产品定额成本/元	单位产品定额工时/小时	直接材料系数	加工费用系数
甲产品	200	24	1	1
乙产品	220	30	1.1	1.25
丙产品	160	36	0.8	1.5

表 6-4 中,以甲产品为标准产品,并规定其系数为 1。

乙产品直接材料系数＝220÷200＝1.1

丙产品直接材料系数＝160÷200＝0.8

乙产品加工费用系数＝30÷24＝1.25

丙产品加工费用系数＝36÷24＝1.5

A 类产品内各种产品成本计算见表 6-5。

表 6-5 A 类产品各种产品成本计算表

2017 年 10 月

项 目	产量/件	直接材料系数	直接材料总系数	直接材料/元	加工费用系数	加工费用总系数	直接人工/元	制造费用/元	产品总成本/元	单位成本/元
1	2	3	4=2×3	5=4×分配率	6	7=6×2	8=7×分配率	9=7×分配率	10=5+8+9	11=10÷2
分配率				492.126			30.476	65.476		
甲产品	450	1.0	450	221 456.70	1.0	450	13 714.20	29 464.20	264 635.10	588.08
乙产品	240	1.1	264	129 921.26	1.25	300	9 142.80	19 642.80	158 706.86	661.28
丙产品	60	0.8	48	23 622.04	1.5	90	2 743	5 893	32 258.04	537.63
合 计			762	375 000		840	25 600	55 000	455 600	

表 6-5 中,各项分配率计算如下:

直接材料分配率＝375 000÷762＝492.126

直接人工分配率＝25 600÷840＝30.476

制造费用分配率＝55 000÷840＝65.476

6.7　副产品的成本计算

副产品是在主要产品的生产过程中附带生产出来的非主要产品。例如,炼铁生产中产生的高炉煤气,提炼原油过程中产生的渣油、石油焦,以及制皂生产中产生的甘油等。若副产品的比重较大,为了正确计算主、副产品的成本,应该将主、副产品视同联产品计算成本。若副产品的比重不大,为了简化成本计算工作,可以将副产品与主产品合为一类设立产品成本明细账,归集费用、计算成本;然后将副产品按照一定的方法计价,从总成本中扣除,以扣除后的成本作为主产品的成本。

副产品的计价方法通常有两种方法:一种是可以按照售价减去按正常利润率计算的销售利润后的余额计价;二是按照企业制订的副产品的计划成本或定额成本计价。副产品的计价额,一般从总成本的"原材料"或"直接材料"项目中扣除。

对副产品进行正确的计价,对于正确计算主副产品的成本很重要。副产品计价既不能过高,以免把主产品的超支转嫁到副产品上,也不能过低,以免把销售副产品的亏损转嫁到主产品上。如果副产品的售价不能抵偿其销售费用,则副产品不应计价,也就是说不从主产品成本中扣除副产品价值。

1. 分离后需进一步加工的副产品

副产品与主产品分离以后,需进一步加工,还要加入某些辅助材料,经过一定的加工处理,还应根据副产品加工生产的特点和管理要求,采用适当的方法单独计算副产品的成本。

2. 分离后不需进一步加工的副产品

如果副产品加工处理所需时间不长,费用不大,为了简化成本计算工作,副产品也可以按计划单位成本计价,而不计算副产品的实际成本。这样,从主、副产品的生产费用总额中扣除按计划单位成本计算的副产品成本以后的余额,即为主产品的成本。

有一些工业企业,在生产过程中会产生一些废气、废液和废料。对于"三废"的综合利用,如从废气、废液中回收稀有金属,利用炉渣制造水泥、耐火砖等,随着生产的发展和科学技术的进步,"三废"的综合利用也是不断发展的。"三废"一经利用也成了副产品,就应该按照副产品的成本计算方法计算成本。

有一些工业企业,除了生产主要产品以外,有时还为其他企业提供少量加工、修理等作业。如果这些作业费用的比重很小,为了简化成本计算工作,也可以比照副产品的成本计算方法,与主要产品合为一类归集费用,然后将这些作业按照固定价格或计划单位成本计价,从总的生产费用中扣除,以其余额作为主要产品成本。

【任务实施】

根据表 6-1 和表 6-2 的资料,编制 A 类产品成本计算表,如表 6-6 所示。

表 6-6　A 类产品成本计算表

2017 年 9 月

摘　要		产成品数量/件	直接材料/元		定额工时/小时	直接人工/元	制造费用/元	合计/元
			定额成本	实际成本				
月初在产品成本				15 600		980	2 010	18 590
本月生产费用				86 800		52 500	73 250	212 550
合　计			101 500	102 400	30 400	53 480	75 260	213 140
分配率				1.01		1.76	2.48	
月末在产品成本			26 200	26 347	3 880	6 805	9 490.4	42 642.4
完工产品	总成本		75 300	76 053	26 520	46 675	65 769.6	188 497.6
	甲产品成本	270	13 500	13 635	3 780	6 653	9 374.4	29 662.4
	乙产品成本	240	16 800	16 968	3 840	6 758	9 523.2	33 249.2
	丙产品成本	350	21 000	21 210	6 300	11 088	15 624	47 922
	丁产品成本	600	24 000	24 240	12 600	22 176	31 248	77 664

表 6-6 中的分配率计算如下：

直接材料分配率＝102 400÷101 500＝1.01

直接人工分配率＝53 480÷30 400＝1.76

制造费用分配率＝75 260÷30 400＝2.48

任务七　产品成本计算的定额法

【任务布置】

光明制造公司限额领料单规定的产品数量为 2 000 件,每件产品的原材料消耗定额为 5 千克,则领料限额为 10 000 千克,本月实际领料 9 500 千克。

请采用限额领料单法计算原材料脱离定额差异。

【知识准备】

7.1　定额法的概念

定额法是以产品定额成本为基础,加减脱离现行定额差异和定额变动差异,计算产品实际成本的一种方法。

定额法不是一种独立的成本计算方法,它与生产类型无直接关系,只是加强成本控制的一种方法。产品实际成本的计算公式为:

$$产品实际成本 = \frac{产品定}{额成本} \pm \frac{脱离现行}{定额差异} \pm \frac{材料成}{本差异} \pm \frac{月初在产品}{定额变动差异}$$

1. 产品定额成本

产品的定额成本是根据各种有关的现行材料消耗定额、工时定额、费用定额以及其他有关资料计算的成本。制订定额成本，为企业的成本控制和考核提供了依据，它是衡量生产费用节约或超支的尺度，是计算实际产品成本的基础。

产品的定额成本与计划成本两者都是成本控制的目标，产品的定额成本与计划成本的制订过程都是对产品成本进行事前控制的过程。

定额成本是依据现行的定额计算的，是企业在当时的生产技术条件下，在各项消耗上应达到的标准，它应随着生产技术的进步、劳动生产率的提高不断修订。计划成本是依据计划期（一般为一年）内平均消耗定额计算的，在计划期内通常是不变的。因此，计划成本在计划期内通常是不变的；定额成本在计划期内则是变动的。

2. 脱离定额差异

脱离定额的差异是指生产过程中各项生产费用的实际支出脱离现行定额的差额。脱离定额差异的核算，就是在发生生产费用时，就能及时正确地核算和分析生产费用脱离定额的差异，控制生产费用支出。将脱离定额差异的日常核算同车间或班组经济责任制结合起来，依靠各生产环节职工控制生产费用。

3. 材料成本差异

企业材料日常核算采用计划成本，原材料定额费用和原材料脱离定额的差异，都是按照原材料的计划单位成本计算的。它是按计划单位成本反映的数量差异，即量差。因此，在月末计算产品的实际原材料费用时，考虑所耗原材料应负担的成本差异问题，即所耗原材料的价差。

4. 定额变动差异

定额变动差异是指因修订消耗定额而产生的新旧定额之间的差额。定额变动差异与脱离定额差异是不同的。定额变动差异是定额本身变动的结果，它与生产中费用支出的节约或浪费无关；而脱离定额差异则反映生产费用支出符合定额的程度。

消耗定额和定额成本一般是在月初、季初或年初定期进行修订。在定额变动的月份，其月初在产品的定额成本仍然按照旧定额计算并未修订，本月投入产品的定额成本是按新定额计算的，应在新定额的同一基础上相加起来，应该对月初在产品的定额成本进行调整。

7.2　定额法的特点

产品成本计算的定额法，是解决及时反映和监督生产费用和产品成本脱离定额的差异，把产品成本的计划、控制、核算和分析结合在一起，以便加强成本管理，而采用的一种成本计算方法。其主要特点如下：

①事前控制。事前制订产品的消耗定额、费用定额和定额成本作为降低成本的目标。

②事中控制。在生产费用发生时将符合定额的费用和发生的差异分别核算，从而加强对成本差异的日常核算、分析和控制。

③事后考核、分析的依据。月末，在定额成本的基础上，加减各种成本差异，计算产品的实际成本，为成本的定期考核和分析提供数据。

7.3　定额法的适用范围

为了充分发挥定额法的作用,简化核算工作,采用定额法计算产品成本,应具备以下两个条件:

第一,定额管理制度比较健全,各项定额管理工作的基础比较扎实。

第二,产品的生产已经定型,产品结构及工艺基本稳定,有关消耗定额、费用定额比较准确、稳定。

定额法与生产类型并无直接联系,不论哪种生产类型,只要具备上述条件都可以采用定额法计算产品成本。因此,在大量大批生产,定额管理制度健全的企业适用。

7.4　定额法的成本计算程序

1. 设置产品成本明细账

按照企业成本核算对象即产品的品种、批别、步骤,设置产品成本明细账,明细账内按照成本项目分设定额成本、定额差异、定额变动差异等专栏。

2. 定额成本的计算和脱离定额差异的核算

根据产品实际产量和有关定额资料,计算产品的定额成本,根据各种定额差异凭证,汇总计算各种产品定额差异,并计入产品成本明细账。

3. 定额变动差异的核算

如果有定额变动,则要计算定额变动差异,并以调整月初在产品定额成本。

4. 材料成本差异的核算

如果材料或半成品采用计划成本计价,则要计算材料或半成品的材料成本差异。

5. 月末计算完工产品和在产品的实际成本

月末,根据产品成本明细账,分别计算出定额成本、脱离定额差异、定额变动差异、材料或半成品的材料成本差异总数,并按照成本项目分别计算脱离定额差异率、定额变动差异率及材料成本差异率。

根据完工产品通知单按照成本项目计算完工产品定额成本,然后,根据脱离定额差异率、定额变动差异率、材料成本差异率分别计算出完工产品应负担的脱离定额差异、定额变动差异、材料成本差异。

完工产品的定额成本加减脱离定额差异、定额变动差异和材料成本差异,计算出完工产品的实际成本。将完工产品的实际总成本除以完工产品的总产量,计算出完工产品的单位成本。

7.5　定额成本的制订

产品的定额成本一般由财会部门会同企业计划、技术、生产等部门共同制订。由于各企业产品生产工艺过程不同,产品定额成本的计算程序也不尽相同。

产品的定额成本,应当根据企业现行消耗定额和费用定额,按照企业确定的成本项目,分产品品种或企业确定的成本核算对象分别制订产品的定额成本。

例如,机械制造企业,产品的单位定额成本的制订,应包括零件、部件的定额成本和产成品的定额成本,一般是先制订零件的定额成本,然后汇总计算部件和产成品的定额成本。

零件定额卡、部件定额卡和产品定额成本计算表的格式分别见表 7-1、表 7-2 和表 7-3。

表 7-1　零件定额卡

零件编号、名称:2009　　　　　　　　　2017 年 9 月

材料名称、编号	计量单位	材料消耗定额
8801	千克	6
工序	工时定额(小时)	累计工时定额(小时)
1	4	4
2	8	12
3	6	18

表 7-2　部件定额成本计算卡

零件编号、名称:2011　　　　　　　　2017 年 9 月　　　　　　　　金额单位:元

所用零件编号名称	零件数量	材料定额						金额合计	工时定额(小时)
		8801			8802				
		数量	计划单价	金额	数量	计划单价	金额		
2009	4	24	5	120				120	72
2010	8				40	5	200	200	48
装配									5
合计				120			200	320	125

定额成本项目					定额成本合计
直接材料	直接人工		制造费用		
	计划工资率	金额	计划费用率	金额	
320	2	250	2.5	312.5	882.5

定额成本确定以后,要编制定额成本计算表,为了便于进行成本的分析和考核,定额成本所采用的成本项目和成本计算方法,应与计划成本、实际成本时所采用的成本项目和成本计算方法一致。

表 7-3　产品定额成本计算表

产品编号:2011　　　　　　　　　　2017 年 9 月　　　　　　　　金额单位:元

所用部件编号名称	所用部件数量	材料定额		工时定额/小时	
		部件	产品	部件	产品
2011A	2	320	640	125	250
2011B	1	260	260	50	50
装　配					10
合　计			900		310

产品定额成本项目					产品定额成本合计
直接材料	直接人工		制造费用		
	计划工资率	金额	计划工资率	金额	
900	2.2	682	1	320	1 902

定额成本的计算,根据定额成本计算表,按照本月的实际产量,区分不同的成本项目分别计算。其计算公式如下:

$$原材料费用定额＝产品原材料消耗定额×原材料计划单价$$
$$直接人工费用定额＝产品生产工时定额×直接人工费用计划单价$$
$$制造费用定额＝产品生产工时定额×制造费用计划单价$$

7.6　脱离定额差异的计算

企业在发生生产费用时将符合定额的费用和脱离定额的差异分别编制定额凭证和差异凭证,并在有关费用分配表和生产成本明细账中分别予以登记。脱离定额差异的计算也是按照成本项目分别核算。脱离定额差异的核算是定额法的重要内容。

1.直接材料费用脱离定额差异的计算

直接材料费用脱离定额差异是在生产过程中产品实际耗用材料数量与其定额耗用量之间的差异。其计算公式如下:

$$直接材料费用脱离定额差异＝\sum\left(\begin{matrix}材料实际\\耗用数量\end{matrix}-\begin{matrix}材料定额\\耗用数量\end{matrix}\right)×材料计划单价$$

(1)限额法

在定额法下,为了控制材料的领用,原材料的领用实行限额领料制度,符合定额的原材料应根据限额领料单等定额凭证领发。在增加产量,需要增加用料时,在追加限额手续后,也可以根据定额凭证领发。在其他原因发生的超额用料或代用材料的用料时,则应填制专设的超额领料单、代用材料领料单等差异凭证,经过一定的审批手续后领发。

为了减少凭证的种类,这些差异凭证也可用普通领料单代替,但应以不同的颜色或加盖专用的戳记,以示区别。在差异凭证中,应填写差异的数量、金额以及发生差异的原因。差异凭证的签发,须经过一定的审批手续,其中由于采用代用材料、利用废料和材料质量低劣等原因而引起的脱离定额差异,通常由技术部门审批。对于采用代用材料和废料利用,还应在有关的限额领料单中注明,并从原定的限额中扣除。

在每批生产任务完成以后,应根据车间余料编制退料手续,退料单也是一种差异凭证。退料单中的原材料数额和限额领料单中的原材料余额,都是原材料脱离定额的节约差异。

原材料脱离定额差异是产品生产中实际用料脱离现行定额而形成的成本差异,而限额法并不能完全控制用料,上述差异凭证所反映的差异只是领料差异,而不一定是用料差异。这是因为,投产的产品数量不一定等于规定的产品数量;所领原材料的数量也不一定等于原材料的实际消耗量,即期初、期末车间可能有余料。

【例 7-1】　某限额领料单规定的产品数量为 2 000 件,每件产品的原材料消耗定额为 5 千克,则领料限额为 10 000 千克;本月实际领料 9 600 千克,领料差异为少领 400 千克。现假定有以下三种情况:

第一种情况:本期投产产品数量符合限额领料单规定的产品数量,即 2 000 件,且期初、期末均无余料。则上述少领 400 千克的领料差异就是用料脱离定额的节约差异。

第二种情况:本期投产产品数量仍为 2 000 件,但车间期初余料为 200 千克,期末余料为 240 千克,则:

原材料定额消耗量＝2 000×5＝10 000(千克)

原材料实际消耗量＝9 600＋200－240＝9 560(千克)

原材料脱离定额差异＝9 560－10 000＝－440(千克)

第三种情况:本期投产产品数量为1 800件,车间期初余料为200千克,期末余料为240千克,则:

原材料定额消耗量＝1 800×5＝9 000(千克)

原材料实际消耗量＝9 600＋200－240＝9 560(千克)

原材料脱离定额差异＝9 560－9 000＝＋560(千克)(超支)

由此可见,只有投产产品数量等于规定的产品批量,且车间期初、期末均无余料或期初、期末余料数量相等时,领料(或发料)差异才是用料脱离定额的差异。

(2)切割核算法

在定额法下,为了控制用料,对于某些贵重材料或经常大量使用的且又需要经过在准备车间或下料工段切割后才能进一步进行加工的材料,如板材、棒材等,还应采用材料切割核算单。通过材料切割核算单,核算用料差异,控制用料。

材料切割核算单,应按切割材料的批别开立,在单中要填明切割材料的种类、数额、消耗定额和应切割成的毛坯数量。切割完毕后,要填写实际切割成的毛坯数量和材料的实际耗量;然后根据实际切割成的毛坯数量和消耗定额,即可求得材料定额消耗量,再将此与材料实际消耗量相比较,即可确定脱离定额差异。如发出材料500千克,切割成甲种零件150个,每个消耗定额为3.2千克,每千克材料计划单价为5元,则定额差异为:

定额耗用量＝150×3.2＝480(千克)

材料定额差异:

数量 500－480＝20(千克)

金额 5×20＝100(千克)

材料定额消耗量、脱离定额的差异,以及发生差异的原因均应填入单中,并由主管人员签证。回收废料超过定额的差异可以冲减材料费用,故列负数;相反,低于定额的差异列正数。

采用材料切割核算单进行材料切割的核算,能及时反映材料的使用情况和发生差异的具体原因,有利于加强对材料消耗的控制和监督。在有条件的情况下,如与车间或班组的经济核算结合起来,则可以收到更好的效果。

(3)盘存法

盘存法是指企业定期通过盘存的方法核算脱离定额差异。定期盘存可根据企业的管理要求,按工作班、工作日、按周、旬等进行。

①根据完工产品数量和在产品盘存(实地盘存或账面结存)数量算出投产产品数量,再乘以原材料消耗定额,计算出原材料定额消耗量。其中,投产产品数量的计算公式如下:

本期投产产品数量＝本期完工产品数量＋期末盘存在产品数量－期初盘存在产品数量

②根据限额领料单、超额领料单、退料单等材料凭证以及车间余料的盘存数量,计算原材料实际消耗量。

③将原材料实际消耗量与定额消耗量进行比较,进而确定原材料脱离定额的差异。

应当指出的是,按照上述公式计算本期投产产品数量,必须具备下述条件,即原材料在生产开始时一次投入,期初和期末在产品都不再耗用原材料。如果原材料是随着生产的进行陆续投入,在产品还要耗用原材料,那么上述公式中的期初和期末在产品数量应改为按原材料消耗定额计算的期初和期末在产品的约当产量。

【例 7-2】 美亚制造厂生产乙产品耗用 C 材料。乙产品期初在产品为 50 件,本期完工产品为 1 000 件,期末在产品为 150 件。生产乙产品用原材料系在生产开始时一次投入,乙产品的原材料消耗定额为每件 2 千克,原材料的计划单价为每千克 10 元。限额领料单中载明的本期已实际领料数量为 2 100 千克。车间期初余料为 50 千克,期末余料为 20 千克。有关数据计算如下:

投产产品数量＝1 000＋150－50＝1 100(件)

原材料定额消耗量＝1 100×2＝2 200(千克)

原材料实际消耗量＝2 100＋50－20＝2 130(千克)

原材料脱离定额差异(数量)＝2 130－2 200＝－70(千克)(节约)

原材料脱离定额差异(金额)＝－70×10＝－700(元)(节约)

对于原材料的定额消耗量和脱离定额的差异,应分批或定期地按照成本计算对象进行汇总,编制原材料定额费用和脱离定额差异汇总表。表中应填明该批或该种产品所耗各种原材料的定额消耗量、定额费用和脱离定额的差异,并分析说明差异产生的主要原因。该表既可以用来汇总反映和分析材料消耗定额的执行情况,又可以代替原材料费用分配表登记产品成本明细账,还可以报送有关领导或向群众公布,以便根据差异发生的原因采取措施,进一步挖掘降低原材料消耗的潜力。

2.直接人工费用脱离定额差异的计算

(1)计件工资制度下直接人工费用脱离定额差异的计算

在计件工资形式下,生产工资属于直接计入费用,因而其脱离定额差异的核算与原材料的相类似。凡符合定额的生产工资可反映在工票、工作班产量记录、工序进程单等产量记录中;脱离定额的差异部分,应设置"工资补付单"等差异凭证,予以反映,单中也应填明差异发生的原因,并要经过一定的审批手续。

在计件工资形式下,生产工资属于直接计入费用,则某种产品的生产工资脱离定额差异可按下式计算:

$$\text{某种产品生产工资脱离定额的差异} = \text{该产品实际生产工资费用} - \text{该产品实际产量} \times \text{该产品生产工资费用定额}$$

(2)计时工资制度下直接人工费用脱离定额差异的计算

在计时工资形式下,实际工资总额到月终才能确定,因此,生产工资脱离定额的差异不能在平时按照产品直接计算,只有在月末实际生产工资总额确定以后,才能计算。

在计时工资形式下,生产工资属于间接计入费用,则产品的生产工资脱离定额差异应该按照下列公式计算:

$$\text{计划单位小时工资} = \text{某车间计划产量的定额生产工资费用} \div \text{该车间计划产量的定额生产工时}$$

实际单位小时工资＝该车间实际生产工资总额÷该车间实际生产工时总额

某产品的定额生产工资＝该产品实际产量的定额生产工时×计划单位小时工资

某产品的实际生产工资＝该产品实际产量的实际生产工时×实际单位小时工资

某产品生产工资脱离定额的差异＝该产品实际生产工资－该产品定额生产工资

从以上计算公式可以看出，要降低单位产品的计时工资，必须降低单位小时的生产工资和单位产品的生产工时。为此，企业不仅要严格控制工资总额，使之不超过计划，还要充分利用工时，使生产工时总额不低于计划，并且要控制单位产品的工时耗费，使之不超过工时定额。为了降低单位产品的计时工资费用，在定额法下，应加强日常控制，通过核算工时脱离定额差异的方法，监督生产工时的利用情况和工时消耗定额的执行情况。为此，在日常核算中，要按照产品核算定额工时、实际工时和工时脱离定额的差异，并及时分析发生差异的原因。

3. 制造费用脱离定额差异的计算

制造费用，一般来说属于间接计入费用，在日常核算中不能按照产品直接确定费用脱离定额的差异，而只能根据月份的费用计划，按照费用的发生地点和费用项目，核算脱离计划的差异，据以对费用的发生进行控制和监督。

制造费用差异的日常核算，通常是指脱离费用计划的差异核算。各种产品应负担的制造费用脱离定额的差异，只有到月末实际费用分配给各种产品以后，才能以其实际费用与定额费用相比较加以确定。其计算确定方法，与计时工资脱离定额差异的计算确定方法相类似。

7.7　材料成本差异的计算

采用定额法时，为了便于对产品成本进行考核和分析，材料的日常核算一般按计划成本进行。日常实际发生的原材料费用包括原材料定额费用和原材料脱离定额的差异，都是按照原材料的计划单位成本计算的。在月末计算产品的实际原材料费用时，还必须考虑所耗原材料应负担的成本差异。其计算公式如下：

$$\text{某产品应负担的材料成本差异} = \left(\text{该产品原材料定额费用} \pm \text{原材料脱离定额差异}\right) \times \text{原材料成本差异率}$$

【例 7-3】　鑫淼工厂生产的甲产品本月所耗直接材料费用定额成本为 114 000 元，直接材料脱离定额差异为节约 1 600 元，本月材料成本差异率为节约 1%。甲产品本月应负担的材料成本差异计算如下：

甲产品本月应负担的材料成本差异＝(114 000－1 600)×(－1%)＝－1 124(元)

在企业是多步骤生产类型的情况下，若逐步结转半成品成本，则半成品采用计划成本计价，在月末计算产品成本也是比照原材料成本差异的分配方法，计算所耗半成品的成本差异。

7.8　定额变动差异的计算

定额变动差异是指因修订消耗定额或生产耗费的计划价格而产生的新旧定额之间的差额。定额变动差异与脱离定额差异是不同的。定额变动差异是定额本身变动的结果，它与生产中费用支出的节约或浪费无关；而脱离定额差异则反映生产费用支出符合定额的程度。

随着经济的发展、生产技术条件的变化、劳动生产率的提高等，企业的各项消耗定额、生产耗费的计划价格，也应随之加以修订，以保证各项定额能够准确有效地对生产经营活动进行控制和监督。在消耗定额或计划价格修订以后，定额成本也应随之及时修订。

消耗定额和定额成本一般是在月初、季初或年初定期进行修订。在定额变动的月份，其月初在产品的定额成本并未修订，仍然按照旧定额计算。因此，为了将按旧定额计算的月初在产品定额成本和按新定额计算的本月投入产品的定额成本,在新定额的同一基础上相加起来,应该计算月初在产品的定额变动差异,以调整月初在产品的定额成本。

为了简化计算工作,可按照单位产品费用的折算系数进行计算。即将按新旧定额所计算出的单位产品费用进行对比,求出系数,然后根据系数进行计算。其计算公式如下:

$$系数=按新定额计算的单位产品费用÷按旧定额计算的单位产品费用$$

$$月初在产品定额变动差异=按旧定额计算的月初在产品费用×(1-系数)$$

【例7-4】 鑫淼工厂生产的甲产品从本月1日起实行新的材料消耗定额,直接人工和制造费用定额不变。单位产新的直接材料费用定额为12元,单位产旧的直接材料费用定额为11.4元。甲产品月初在产品按旧定额计算的直接材料费用为24 000元。月初在产品定额变动差异计算如下:

$$系数=11.4÷14=0.95$$

$$月初在产品定额变动差异=24 000×(1-0.95)=1 200(元)$$

本例中,月初在产品成本调整减少了1 200元,甲产品实际成本中应当加上定额变动差异1 200元。

【任务实施】

根据任务要求,若本月投产产品数量符合限额领料单规定的产品数量,即2 000件,并且期初期末均无余料,则少领500千克的领料差异就是用料脱离定额的节约差异。

若本月投产产品的数量为2 000件,但车间期初余料为100千克,期末余料为110千克。则:

$$原材料实际消耗量=9 500+100-110=9 490(千克)$$

$$原材料脱离定额差异=9 490-10 000=-510(千克)(节约)$$

若本月投产产品数量为1 800件,车间期初余料为100千克,期末余料为110千克。则:

$$原材料脱离定额差异=(9 500+100-110)-1 800×5=490(千克)(超支)$$

由此可见,只有在产品数量等于规定的产品数量,而且车间没有余料或者期初、期末余料数量相等的情况下,领料的差异才是用料脱离定额差异。因此,要控制用料不超支,不仅要控制领料不超过限额,而且还要控制产品的投产量不少于计划规定的产品数量;此外,还要注意车间有无余料和余料的数量。

单元小结

● 产品成本计算的品种法、分批法、分步法及分类法与定额法是几种典型的成本计算方法。在实际工作中,在一个企业或车间中,有可能同时应用几种不同的成本计算方法;就一种产品来说,也有可能将几种不同的成本计算方法结合起来加以应用。

● 分类法按照产品类别归集生产费用计算产品成本,类内不同品种(或规格)产品的成本,按照一定的标准分配确定。

● 分类法的计算程序:①根据产品结构、所用原材料和工艺过程的不同将产品划分为若干类,按照产品类别设立产品成本明细账,归集产品的生产费用,计算各类产品成本;②选择合理的分配标准,在每类产品的各种产品之间分配费用,计算每类产品内各种产品的成本。

●分类法与生产类型无直接关系。凡是产品品种、规格繁多,又可以按照一定标准分类的企业或车间,均可以采用分类法计算成本。分类法可以简化成本计算工作,分类掌握产品成本情况。但其计算结果有一定的假定性。因此,在分类法下,恰当地进行产品分类,合理地选定类内产品之间费用的分配标准,是一个关键性的问题。

●分类法的适用范围:联产品、主副产品、零星产品以及如果内部结构、所用原材料的质量或工艺技术上的要求不同而产生的不同质量的产品。

●定额法的主要特点是:①事前制订产品的消耗定额、费用定额和定额成本,作为降低成本的目标;②在生产费用发生的当时,就将符合定额的费用和发生的差异分别核算,以加强对成本差异的日常核算、分析和控制;③月末,在定额成本的基础上,加减各种成本差异,计算产品的实际成本,为成本的定期考核和分析提供数据。

●定额法的计算程序是:①事先制订产品的各项消耗定额和各种费用的计划单位,并据以计算确定产品的各项费用定额和单位定额成本;②在生产费用发生时,进行脱离定额的差异的核算;③计算并分配材料成本差异;④在定额变动的月份,对月初在产品进行定额变动差异的核算;⑤在月末,以上述几项数据为依据,在定额成本的基础上,加减各种差异计算产品实际成本。

●定额法作为一种成本计算方法和成本管理制度,有利于加强成本控制,便于成本的定期分析,有利于提高成本的定额管理和计划管理工作的水平,并能够较为合理、简便地解决完工产品和月末在产品之间分配费用的问题。但其核算工作量较大。

●定额法需要具备的条件是:①成本核算的基础工作较好;②产品的生产已经定型,定额管理制度比较健全,定额管理工作消耗定额比较准确、稳定。

闯关考验

一、知识思考

1. 简述分类法的特点和计算程序。
2. 什么是联产品、副产品和等级产品?
3. 常用的联产品成本分配方法有哪些?
4. 简述定额法的特点及定额法与其他方法的区别。
5. 定额法的计算程序如何?

二、技能测试

1. 某企业生产甲、乙、丙三种产品的结构,所用原材料和工艺过程相近,合为一类计算成本。其中乙产品为主要产品,确定为标准产品。该类产品以定额成本为综合分配标准。甲、乙、丙三种产品的单位定额成本分别为 1.2 元、1.5 元、1.8 元。

要求:根据上述资料,分别计算各产品的系数及各项费用分配率,并完成第一类产品成本计算表。

各种产成品成本计算表

产品名称:第一类产品　　　　　　　　　　20××年×月　　　　　　　　　　金额单位:元

项　目	产量(件)	定额成本	综合系数	标准产品	直接材料	直接人工	制造费用	合　计
甲产品	10 000							
乙产品	80 000							
丙产品	30 000							
合　计					101 680	59 520	24 800	186 000

2.金源工厂生产的甲产品本月实际产量为100件,根据单位产品材料定额成本和实际消耗材料数量汇总编制"直接材料费用定额和脱离定额差异汇总表"。

直接材料费用定额和脱离定额差异汇总表

产品名称:甲产品

投产量:100件　　　　　　　　　　　　20××年×月　　　　　　　　　　金额单位:元

原材料品种	计划单价	定额成本		实际成本		脱离定额差异	
		定额耗用量	金额	实际耗用量	金额	耗用量	金额
A材料	3	28 000		30 000			
B材料	2	5 000		4 500			
合　计							

三、理论测试

(一)单选题

1.产品成本计算分类法的成本计算对象是(　　　)。

A.产品类别　　　　　B.产品品种　　　　　C.产品规格　　　　　D.产品加工步骤

2.下列各项中,既是一种成本计算方法,又是一种成本管理方法的是(　　　)。

A.分类法　　　　　B.定额法　　　　　C.品种法　　　　　D.分批法

3.对于企业联产品的成本计算,一般采用(　　　)。

A.分批法　　　　　B.定额法　　　　　C.品种法　　　　　D.分类法

4.下列各项中,对成本计算的分类法特点描述正确的是(　　　)。

A.按照产品的类别归依生产费用计算该类产品成本

B.适用于简单生产工艺和管理上不要求计算半成品成本的连续式多步骤生产

C.按产品的批别来归集和计算产品成本的一种方法

D.辅助生产车间以外的各受益单位

5.分类法计算产品成本,不涉及生产类型,因而在各种类型的生产中可以应用。采用这种方法是为了(　　　)。

A.简化各类产品成本的计算工作　　　　　B.简化各种产品的成本计算工作

C.便于进行成本分析和考核　　　　　D.以便于掌握各类产品的成本水平

6.企业大量简单生产一种产品,所耗原料和加工工艺相同,但是质量不同,有一级、二级、三级、四级四个等级。会计应采用的成本计算方法是(　　　)。

A. 品种法　　　　　B. 分类法　　　　　C. 分批法　　　　　D. 定额法

7. 企业大量生产一种产品,领料时使用限额领料单和超额领料单,以便控制材料的日常消耗,月末,在确认材料脱离定额差异时应采用的方法是(　　　)。

A. 限额法　　　　　B. 切割法　　　　　C. 盘点法　　　　　D. 技术推算法

8. 以下各种成本计算方法中属于辅助方法的是(　　　)。

A. 品种法　　　　　B. 定额法　　　　　C. 分批法　　　　　D. 分步法

9. 产品成本计算的分类法适用于(　　　)。

A. 可以按照一定的标准分类的产品

B. 品种、规格繁多的产品

C. 品种、规格繁多,而且可以按照一定标准分类的产品

D. 大量大批生产的产品

10. 定额法适用于(　　　)。

A. 单件小批生产企业

B. 定额管理制度比较健全,定额管理工作的基础比较好,产品生产已定型,各项消耗定额比较准确、稳定的企业

C. 与生产类型没有直接关系

D. 大量大批生产企业

（二）多选题

1. 成本计算的辅助方法有(　　　)。

A. 品种法　　　　　B. 定额法　　　　　C. 分类法　　　　　D. 分步法

2. 分类法进行成本计算适用于(　　　)。

A. 企业产品、规格繁多,按照一定标准划分为若干类别企业的成本计算

B. 工业企业的联产品的成本计算

C. 工业企业的副产品的成本计算

D. 某些等级产品的成本计算

3. 在分类法下,选择作为同类产品中的标准产品的条件主要包括(　　　)。

A. 产量较大　　　　　　　　　　B. 产品价格比较稳定

C. 产品生产比较稳定或规格折中　　D. 销量稳定

4. 常用的核算原材料定额差异的方法有(　　　)。

A. 限额法　　　　　B. 切割核算法　　　C. 标准成本法　　　D. 分步法

5. 定额法的主要优点包括(　　　)。

A. 促进节约生产消耗,降低产品成本

B. 便于进行产品成本的定期分析,挖掘降低成本的潜力

C. 有利于提高成本的定额管理和计划管理工作的水平

D. 产品成本核算工作量小

6. 原材料脱离定额差异的计算方法有(　　　)。

A. 限额法　　　　　B. 切割核算法　　　C. 盘存法　　　　　D. 定额法

7. 分类法的优点是(　　　)。

A. 可以简化核算成本

B. 可以掌握各类产品成本情况

C. 可以使类内产品成本计算更为精确

D. 能够及时对类内产品成本进行有效控制

8. 在定额法下,产品的实际成本是(　　　　)的代数和。

A. 产品定额成本　　　　　　　　B. 脱离定额差异

C. 材料成本差异　　　　　　　　D. 月初在产品定额变动差异

9. 在分类法下,应选择合理的分配标准,在每类产品的各种产品之间分配费用,这些分配标准主要有(　　　)。

A. 产品的重量　　　　B. 售价　　　　C. 定额消耗量　　　　D. 定额费用

10. 定额法的特点是(　　　)。

A. 按产品类别设立成本明细账

B. 事前制定消耗定额、费用定额和成本定额

C. 在生产费用发生时,将其符合定额的费用和发生的差异分别核算

D. 月末,在产品定额的基础上,加减各种成本差异,计算产品的实际成本

(三)判断题

1. 分类法和定额法是成本计算的辅助方法,可以单独应用于各种类型的生产。　(　　　)

2. 同类产品的类内各种产品之间分配费用时,所有的成本项目要选择相同的分配标准。
(　　　)

3. 定额法不仅是一种成本计算方法,也是一种成本管理方法。　　　　　(　　　)

4. 实际工作中,如果定额管理基础比较好的企业,则可以单独采用定额法计算产品成本。
(　　　)

5. 采用分类法计算的产品成本具有一定的假定性。　　　　　　　　(　　　)

6. 联产品是用同一种原材料进行加工,同时生产出的几个品种不同的主要产品。(　　　)

7. 分类法是一种以产品类别为成本计算对象的产品成本计算的基本方法。　(　　　)

8. 副产品是在企业辅助生产过程中生产出来的产品。　　　　　　　(　　　)

9. 在定额法下,产品的定额成本是以产品生产耗费的消耗定额和计划单价为依据确定的费用。　　　　　　　　　　　　　　　　　　　　　　　(　　　)

10. 在定额法下,定额变动差异就是脱离定额差异。　　　　　　　(　　　)

四、拓展实训

实训题一

实训课题:产品成本分类法核算

实训目的:掌握采用分类法进行产品成本核算。

实训组织:每2~3名学生为一组,分别负责分类法产品成本核算的各项工作。

实训内容：

（一）实训资料

某企业一个基本生产车间（没有辅助生产车间）所生产的产品品种、规格繁多且可按一定标准分类，因此采用分类法计算产品成本，其中 A₁、A₂、A₃ 三种产品所耗用的原材料和生产工艺相近，同属于企业 A 类产品。

2017 年 2 月份的要素分配表情况如下（用下列要素费用分配表来代替"材料费用分配表""人工费用分配表""折旧费用分配表""货币性支出费用分配表"）。

要素费用分配表

借方科目	材料费	人工费	折旧费	办公费	劳保费	其他
基本生产 A	35 000	13 000				
制造费用	1 200	3 800	1 530	2 670	880	720
管理费用	1 800	10 420	2 250	4 320	1 670	5 760
合　计	38 000	27 220	3 780	6 990	2 550	6 480

（二）实训要求

（1）根据要素费用分配表登记制造费用明细账。

制造费用明细账

2017 年 月	日	摘　要	机物料	人工费	折旧费	办公费	劳保费	其他	合　计

（2）根据要素费用分配表和制造费用分配表登记基本生产成本明细账。

基本生产明细账

产品类别：A 类

2017 年 月	日	摘　要	直接材料	直接人工	制造费用	合　计
1	31	月末在产品	3 760	4 200	5 100	13 120

（3）根据基本生产成本明细账归集的资料，计算 A 类产品的完工产品。

本月完工 A 类产品 1 200 件，期末在产品 50 件。A 类产品期末在产品各月比较稳定，故期末在产品采用固定成本计价。

（4）将完工产品成本在类内各产品间分配（A 类产品采用系数分配法且以 A₁ 为标准产品），填列 A 类产品系数计算表。

A 类产品系数计算表

产品名称	产量	单位产品		材料系数	工时系数	总系数	
		材料定额	工时定额			材料系数	工时系数
A_1	400	15	2				
A_2	300	20	4				
A_3	500	18	2				

（5）填列 A 类各种产品成本计算表。

A 类各种产品成本计算表

产品名称	产量	总系数		总成本				单位成本
		材料系数	工时系数	直接材料	直接人工	制造费用	合计	
A_1								
A_2								
A_3								
分配率								
合计								

实训考核：

考核标准

序号	考核项目	评分标准			
		A(100%)	B(80%)	C(60%)	D(0)
1	态度（50分）	保质保量完成	书写工整	书写不工整	未写或互相抄袭
2	质量（50分）	规范、符合实际	基本符合实际	—	未搞清所布置的问题
评价方式：学生互评，教师总评					
评分	学生	点评：		得分：	总　分
	教师	点评：		得分：	

实训题二

实训课题：产品成本定额法核算

实训目的：掌握采用定额法进行产品成本核算。

实训组织：每 2～3 名学生为一组，分别负责定额法产品成本核算的各项工作。

实训内容：

（一）实训资料

（1）某公司生产甲产品，采用定额法计算产品成本。原材料在生产开始时一次投入。本年

2月初在产品成本资料如下：

本年2月初在产品成本资料　　　　　　　　　　金额单位:元

成本项目	定额成本	定额差异	材料成本差异
直接材料	8 500	−223%	−380%
直接人工	766	+33.3%	—
制造费用	1 650	−86%	—

（2）自本年2月1日起,丙产品原材料消耗定额由每件5千克下降为4.5千克。原材料计划单价仍为2元/千克。

（3）6月份投产丙产品12 000件,实际耗用原材料39 600千克。该月材料成本差异分配率为−4%。

（4）丙产品计划小时工资率4.9元/小时,6月份实际小时工资率为5.00元/工时。该月实际完成定额工时3 245小时,实际耗用工时3 260小时。

（5）6月份制造费用定额为32 000元,定额工时3 200小时,该月实际发生制造费用35 000元。

（6）该月完工产品15 000件,月末在产品2 000件材料已全部投足。单件产品工时定额为0.32小时,月末在产品已完成定额工时320小时。

（二）实训要求

采用定额法计算丙产品生产成本。

提示:在计算出月末在产品定额成本的基础上,再计算完工产品的定额成本。分配率小数点保留四位。

实训考核:

考核标准					
序号	考核项目	评分标准			
		A(100%)	B(80%)	C(60%)	D(0)
1	态度(50分)	保质保量完成	书写工整	书写不工整	未写或互相抄袭
2	质量(50分)	规范、符合实际	基本符合实际	—	未搞清所布置的问题
评价方式:学生互评,教师总评					
评分	学生	点评:		得分:	总　分
	教师	点评:		得分:	

单元四　成本报表的编制与分析

- ●理解成本报表的特点、种类和编制要求
- ●了解企业编制成本报表的作用
- ●掌握成本报表的编制方法
- ●掌握成本报表的分析方法

- ●掌握商品产品成本表的编制方法
- ●掌握主要产品单位成本表的编制方法
- ●掌握制造费用表的编制方法

　　会计报表是企业依据日常核算资料加以归集、汇总、加工而成的一个完整的报告体系。通过这一报告体系可以反映企业一定时日的资产、负债和投资人权益的情况及其经营成果和财务状况信息,从而满足企业对内外各方了解、分析、考核企业经营效益的需要。企业会计报表分为两大类:一类是对外报送的会计报表,如资产负债表、利润表、现金流量表及所有者权益变动表等,其具体格式和编制说明由会计制度作出规定。另一类为企业内部管理需要的报表,如成本报表等,其具体种类、格式由企业自行规定。成本报表是企业内部报表中的主要报表,成本报表作为企业内部的报表,其格式、编报时间、报送对象等,都由企业根据自身的特点和企业管理的具体要求而定。不仅企业之间各不相同,就是同一企业在不同时期也可能设置不同的内部成本报表。一般情况下,成本报表具有种类多、编报迅速、涉及面广、与企业生产工艺过程联系紧密等特点。本单元主要阐述成本报表的种类及其编制方法,以及对成本报表的分析。

任务八　成本报表的编制

【任务布置】

投资者李佳有意购买公司股票作为投资,他在上市公司甲、乙之间犹豫不决,决定通过阅读两家公司的会计报表来了解两家公司的经营状况。他通过公开媒介找到了两家公司的资产负债表、利润表和现金流量表的相关资料,了解了两家公司的财务状况、经营成果和现金流量。他还想进一步了解两家公司的成本费用的构成情况,以便更全面地评价两家公司的管理水平、成本构成情况,可是他却发现,这两家公司的成本报表在任何公开媒介上都无法找到。他非常不解,既然其他的财务报表都能很轻易地获取,为什么成本报表却无法获取呢?他打电话到两家公司索取成本报表,都被公司以商业秘密不能外泄为由拒绝了。你认为两家公司的拒绝合理吗?

【知识准备】

8.1　成本报表的认知

成本报表是根据日常成本和费用核算资料以及其他有关资料定期编制的,用以反映企业一定时期成本费用的水平和构成情况的书面报告文件。

利用成本报表,可以了解哪些费用升高,哪些费用降低,分析完成或未完成成本计划、预算的原因,进而找出降低成本费用的途径。在现代企业成本管理中,成本报表还能为正确进行成本预测和决策、科学合理地控制生产耗费、加强对成本的监督和考核提供大量数据资料。

成本报表反映企业报告期内产品成本水平。产品成本是反映企业生产技术经营成果的一项综合性指标,企业在一定时期内的物质消耗、劳动效率、工艺水平、生产经营管理的水平,都会直接或间接地在产品成本中综合地体现出来。通过编制成本报表能够及时地发现企业在生产、技术、质量、管理等方面取得的成绩和存在的问题,不断总结经验,提高企业经济效益。

成本报表反映企业成本计划的完成情况。成本报表中所反映的各项产品成本指标,对掌握企业一定时期的成本水平,分析和考核产品成本计划完成情况及加强成本管理具有重要作用。

成本报表为制订成本计划提供依据。计划年度的成本计划是在报告年度产品成本实际水平的基础上,结合报告年度成本计划执行情况,考虑计划年度中可能出现的有利因素和不利因素而制订的,所以本报表所提供的资料,是制订下期成本计划的重要参考依据,各管理部门还可以根据成本报表的资料对未来时期的成本进行预测,为企业制定正确的经营决策和加强成本控制及时提供相关而有用的数据。

成本报表为企业的成本决策提供信息。对成本报表进行分析,可以发现成本管理工作中存在的问题,查明产品成本升降情况,可以揭示成本差异对产品成本升降的影响程度,从而把注意力集中放在那些不正常的、对成本有重要影响的关键差异上,查明原因和责任,以便采取针对性的措施,促使成本水平的不断降低,为企业挖掘降低成本的潜力指明方向。

8.2　成本报表的种类

成本报表按其所反映的内容可分为以下几种:

①反映产品成本情况的报表。这是指企业反映为生产一定种类和一定数量产品所支出的生产费用的水平及其构成情况,并与计划、上年实际、历史最好水平或同行业同类产品先进水平相比较,反映产品成本的变动情况和变动趋势的报表。属于此类成本报表的有商品产品成本表、主要产品单位成本表等。

②反映各种费用支出的报表。这是指企业反映在一定时期内各种费用总额及其构成情况的报表,并与计划、上年实际对比,反映各项费用支出的变动情况和变动趋势的报表。属于此类成本报表的有制造费用明细表、销售费用明细表、管理费用明细表、财务费用明细表等。

为了加强成本的日常管理,对于成本报表可以按旬、按周、按日甚至按班编报,及时提供给有关部门负责人和值班人员,促使其及时、有针对性地采取措施,解决生产以及经营管理中的问题,发挥成本核算及时指导生产的作用。

8.3　成本报表的特点

1.灵活性

成本报表是服务于企业内部经营管理目的的报表,可以根据企业对成本管理的要求灵活设置,并且不受外界因素的影响。因此,成本报表的种类、格式、指标项目、编制时间、报送程序和范围都可根据企业需要自行规定,并随着生产条件的变化、管理要求的提高,随时进行修改和调整,具有较大的灵活性。

2.多样性

成本报表是在企业特定的生产环境下、结合企业的生产特点和管理要求而编制的。不同企业的生产特点和成本管理要求不同,这就决定了不同企业编制的成本报表在种类、格式、指标项目以及指标计算口径上必然有所不同,因而呈现出多样性。

3.综合性

成本报表要同时满足财会部门、各级生产技术部门、计划管理部门等对成本管理的需要,对这些职能部门而言不仅要求提供用于事后分析的资料,还要求提供事前计划、事中控制所需要的大量信息。因此,成本报表不仅要设置货币指标,还需要设置反映成本消耗的多种形式的指标,不仅包括会计核算提供的指标,还包括统计核算、业务核算提供的指标,这些指标实质上是会计核算资料与技术经济资料的有机结合。由于成本报表提供的信息广泛,因此具有综合性的特点。

8.4　成本报表的编制程序、方法及编制要求

成本报表是以成本核算资料为依据,用以反映本期产品成本和各项费用实际水平和构成情况的书面文件。按照反映的内容划分有产品成本报表、各种费用报表;按照编报时间划分有

月度报表、季度报表和年度报表等。由于成本报表属于企业的对内报表,因此,编制的内容、何时编报以及报送对象都由企业根据管理的需要自行决定或者与上级主管机构商定。

　　成本报表中的实际成本、费用项目,应以有关的产品成本或费用明细账的实际发生额为依据计算填列;为了考核和分析成本、费用计划的执行情况,或与前期对比了解各项成本、费用指标的变动情况,报表中还应列有相关指标的计划数、上年或上年同期的实际数以及某些补充资料。

　　为了充分发挥成本报表在经济管理中的积极作用,企业应按照一定的要求正确编制各种成本报表。要求其数字准确、内容完整、编报及时。

　　数字准确,是指报表中的各项数据必须真实可靠,不能任意估计,更不允许弄虚作假、篡改数字,因为企业在编制报表前,应将所有的经济业务登记入账,应核对各种账簿之间的记录,做到账账相符;清查财产、物资,做到账实相符。然后再依据有关账簿的记录编制报表。报表编制完毕后,还应检查各个报表中相关指标的数字是否一致。

　　内容完整是指主要报表种类应齐全,应填列的报表指标和文字说明必须全面,表内项目和表补充资料,不论根据账簿资料直接填列,还是分析计算填列,都应当完整无缺,不得任意取舍。注意保持各成本报表计算口径一致,计算方法如有变动,应在附注中说明。对定期报送的主要成本报表,还应有分析、说明生产成本和费用升降情况、原因、措施的文字材料。

　　编报及时是指根据企业管理部门的需要迅速提供各种成本报表。成本报表有些是定期编制,有些不定期编制,无论是定期编制或是不定期编制,都要求及时编制,及时反馈。只有这样,才能及时地对企业成本完成情况进行检查和分析,从中发现问题,及时采取措施加以解决,以充分发挥成本报表的应有作用。要做到这一点,要求企业不仅要做好日常成本核算工作,还要注意整理、收集有关的历史成本资料、同行业成本资料、统计资料以及成本计划资料、费用预算资料等。

8.5　商品产品成本表的编制

　　商品产品成本表是按产品种类反映企业在报告期所生产全部产品的总成本和各种主要产品(含可比产品和不可比产品)单位成本及总成本的报表。利用此表可以定期总括地考核和分析企业全部产品成本计划的完成情况和可比产品成本降低计划的完成情况,对企业产品成本工作从总体上进行评价,并为进一步分析指明方向。

　　此表分为基本报表和补充资料两部分。基本报表部分按可比产品和不可比产品分别填列,并应反映各种产品本月及本年累计的实际产量、实际单位成本、本月总成本和本年实际总成本。补充资料部分反映可比产品成本降低额和降低率两项指标。

　　可比产品是指企业过去年度正式生产过,有完整的成本资料可以进行比较的产品;不可比产品是指企业本年度初次生产的新产品,或虽非初次生产,但以前仅属试制而未正式投产的产品,缺乏可比的成本资料。

　　商品产品成本表对可比产品的实际单位成本、本月总成本和本年累计总成本的报告分别列出上年实际数、本年计划数、本月实际数和本年累计实际平均数等具体指标,以便于分析可比产品成本降低任务的执行情况。

　　商品产品成本表对不可比产品的单位成本、本月总成本和本年累计总成本的报告以及全部商品总成本的报告,只列示出本年计划数、本月实际数和本年累计实际平均数,以便于分析不可比产品的计划执行情况。商品产品成本表的格式和内容,如表8-1所示。

表 8-1　商品产品成本表

2017 年 12 月　　　　　　　　　　　　　　　　　　　单位:元

产品名称	计量单位	实际产量 本月	实际产量 本年累计	单位成本 上年实际平均	单位成本 本年计划	单位成本 本月实际	单位成本 本年累计实际平均	本月总成本 按上年实际平均单位成本计算	本月总成本 按本年计划单位成本计算	本月总成本 本月实际	本年累计总成本 按上年实际平均单位成本计算	本年累计总成本 按本年计划单位成本计算	本年累计总成本 本年实际
		(1)	(2)	(3)	(4)	(5)=(9)/(1)	(6)=(12)/(2)	(7)=(1)×(3)	(8)=(1)×(4)	(9)	(10)=(2)×(3)	(11)=(2)×(4)	(12)
可比产品合计								43 050	40 600	37 025	476 200	448 400	417 000
其中:甲	件	30	320	1 010	970	880	900	30 300	29 100	26 400	323 200	310 400	288 000
乙	件	25	300	510	460	425	430	12 750	11 500	10 625	153 000	138 000	129 000
不可比产品合计													
其中:丙	件	18	170	600	600	580	590		10 800	10 440		102 000	100 300
产品成本合计									51 400	47 465		550 400	517 300

商品产品成本表的编制依据主要是有关产品的"产品成本明细账"、年度成本计划、上年与本表有关项目等。

①"产品名称"项目,应填列主要的"可比产品"和"不可比产品"的名称。

②"实际产量"项目,根据"产品成本明细账"的记录计算填列。

③"单位成本"各项目。

"上年实际平均单位成本"项目,根据上年度商品产品成本表所列的可比产品全年累计实际平均单位成本(上年度本表第六栏)填列。

"本年计划单位成本"项目,根据本年度成本计划的有关资料填列。

"本月实际单位成本"项目,根据有关"产品成本明细账"中的记录计算填列。

　　　　某产品本月实际单位成本＝该产品本月实际成本÷该产品本月实际产量

"本年累计实际平均单位成本"项目,根据有关"产品成本明细账"中的记录计算填列。

　　某产品本年累计实际平均单位成本＝该产品本年累计实际总成本÷该产品本年累计实际产量

④"本月总成本"各项目。

"按上年实际平均单位成本计算"项目,根据本月实际产量与上年实际平均单位成本之乘积计算。

"按本年计划单位成本计算"项目,根据本月实际产量与本年计划单位成本之乘积计算。

"本年实际"项目,根据本月有关"产品成本明细账"中的记录计算填列。

⑤"本年累计总成本"各项目。

"按上年实际平均单位成本计算"项目,根据本年累计实际产量与上年实际平均单位成本之乘积计算。

"按本年计划单位成本计算"项目,根据本年累计实际产量与本年计划单位成本之乘积计算。

"本年实际"项目,根据有关"产品成本明细账"中的记录计算填列。

商品产品成本表的补充资料部分有关项目,按照如下公式计算:

$$可比产品成本降低额 = \frac{可比产品按上年实际平均单位成本}{计算的本年累计总成本合计} - \frac{可比产品本年实际}{累计总成本合计}$$

$$可比产品成本降低率 = \frac{可比产品}{成本降低额} \div \frac{可比产品按上年实际平均单位成本}{计算的本年累计总成本合计} \times 100\%$$

上述计算结果如果为负数,表示可比产品成本降低额和超支率。可比产品成本降低率的"本年计划数"根据年度成本计划填列。

8.6　主要产品单位成本表的编制

主要产品单位成本表是反映企业在报告期内生产的各种主要产品单位成本水平和构成情况的报表。

该表应按主要产品分别编制,是对商品产品成本表所列各种主要产品成本的补充说明。该表可以按照成本项目分析和考核主要产品单位成本计划的执行情况;可以按照成本项目将本月实际和本年累计实际平均单位成本,与上年实际平均单位成本和历史先进水平进行对比,了解单位成本的变动情况;可以分析和考核各种主要产品的主要技术经济指标的执行情况,进而查明主要产品单位成本升降的具体原因。主要产品单位成本表的格式如表 8-2 所示。

表 8-2　主要产品单位成本表

2017 年 12 月　　　　　　　　　　　　　　　　　　　　　　金额单位:元

产品名称	规格	计量单位	产量		直接材料					直接人工					制造费用					产品单位成本				
			本月实际	本年累计实际	历史先进水平	上年实际平均	本年计划	本月实际	本年累计实际平均	历史先进水平	上年实际平均	本年计划	本月实际	本年累计实际平均	历史先进水平	上年实际平均	本年计划	本月实际	本年累计实际平均	历史先进水平	上年实际平均	本年计划	本月实际	本年累计实际平均
1	2	3	4	5	6	7	8	9	10	11	12	13	14	15	16	17	18	19	20	21	22	23	24	25
甲		件	30	320	60	70	66	61	62	10	13	12	10	11	17	18	19	16	17	82	101	97	87	90
乙		件	20	200	79	82	81	80	81	32	35	34	34	34	19	21	20	20	20	130	138	135	134	135
丙		件	18	150	40	43	42	41	41	68	72	70	70	71	18	20	21	20	20	126	135	132	132	132

主要产品单位成本表可以分设产量、单位成本和主要技术经济指标三部分。

产量:本月及本年累计计划产量;本月及本年累计实际产量。

单位成本:历史先进水平、上年实际平均单位成本、本年计划单位成本、本月实际单位成本和本年累计实际平均单位成本。

主要技术经济指标:该种产品主要原材料的耗用量。

1. 产量

本月及本年累计计划产量应根据生产计划填列;本月及本年累计实际产量应根据产品成本明细账或产成品成本汇总表填列;销售单价应根据产品定价表填列。

2. 单位成本

①历史先进水平,应根据历史上该种产品成本最低年度本表的实际平均单位成本填列。

②上年实际平均单位成本,应根据上年度主要产品单位成本表累计实际平均单位成本填列。

③本年计划单位成本,应根据本年度成本计划填列。

④本月实际单位成本,应根据产品成本明细账或产成品成本汇总表填列。

⑤本年累计实际平均单位成本,应根据该种产品成本明细账所记自年初至报告期末完工入库产品实际总成本除以累计实际产量计算填列。

表 8-2 中,上年实际平均、本年计划、本月实际和本年累计实际平均的单位成本,应与全部产品生产成本表该种产品相应的单位成本核对相符。

8.7 制造费用明细表的编制

制造费用明细表是反映企业报告期内发生的各项制造费用情况的报表。编制制造费用明细表,可以了解报告期内制造费用的实际支出水平;可以考核制造费用计划的执行情况;可以评价制造费用的变化趋势,以便加强对制造费用的控制和管理。

制造费用明细表的结构:制造费用各项目列示"本年计划数""上年同期实际数""本月实际数""本年累计实际数"四栏资料。制造费用明细表的结构,如表 8-3 所示。

表 8-3 制造费用明细表

编制单位:佳豪工厂 2017 年度 单位:元

项 目	行 次	本年计划数	上年同期实际数	本月实际数	本年累计实际数
工资	1	78 000	75 000	略	80 510
职工福利费	2	10 920	10 500		11 270
折旧费	3	124 000	124 000		152 484
修理费	4	60 000	62 000		68 480
办公费	5	15 000	15 000		17 228
取暖费	6	21 000	21 000		22 860
水电费	7	50 000	52 000		54 006
机物料消耗	8	26 000	28 000		35 840
低值易耗品摊销	9	10 000	11 000		12 762
劳动保护费	10	14 000	14 000		15 132
租赁费	11	1 200	1 200		2 400
运输费	12	8 000	8 800		10 476
保险费	13	65 000	65 000		69 540
设计制图费	14	12 000	12 000		13 774
试验检验费	15	8 000	8 000		9 972
在产品盘亏和毁损(减盘盈)	16	3 000	4 500		5 146
季节性修理期间的停工损失	17	—	—		—
其他	18	500	100		120
合 计		506 620	512 100		582 000

①"本年计划数"项目,应根据本年制造费用计划填列。

②"上年同期实际数"项目,应根据上年同期制造费用明细表的累计实际数填列。

③"本月实际数"项目,应根据制造费用明细账的本月合计数填列。

④"本年累计实际数"项目,应根据制造费用明细账的本月末累计数填列。

【任务实施】

成本报表和我们曾经学习过的资产负债表、利润表和现金流量表是有区别的。成本报表是一种对内报表,其目的是为了内部成本管理与控制服务,不需要对外公开。任务布置中李佳要求两家上市公司提供成本报表,两家公司都拒绝了,这是合理的。成本报表主要是为企业内部管理服务的,满足企业管理者、成本责任者对成本信息的需求,有利于观察、分析、考核成本的动态,有利于控制计划成本目标的实现,也有利于预测工作。内部成本报表主要为企业内部成本管理服务,所以,内部成本报表可以根据内部管理的需要适时地、不定期地进行编制,使成本报表及时地反映和反馈成本信息,揭示存在的问题,促使有关部门和人员及时采取措施改进工作,提高服务效率,控制费用的发生,以达到节约的目的。

任务九　成本报表的分析

【任务布置】

腾铭制造公司 2017 年原材料费用实际为 5 610 元,计划为 5 400 元,实际比计划增加了 210 元,其原材料消耗情况如表 9-1 所示。

表 9-1　原材料消耗情况表

项　目	单　位	计划数	实际数	差　异
产　量	件	100	102	+2
单位产品原材料消耗	千克	9	10	+1
材料单价	元	6	5.5	−0.5
原材料费用总额	元	5 400	5 610	+210

请根据表 9-1 采用连环替代法分析产量、单位产品原材料消耗和材料单价对材料费用总额的影响。

【知识准备】

成本分析是成本核算工作的延续,它贯穿于成本管理工作的全过程,包括事前分析、事中分析和事后分析。而成本报表分析属于事后分析,它以成本报表所提供的,反映企业一定时期成本、费用水平和构成情况的资料和有关的计划、核算资料为依据,运用科学的分析方法,通过分析各项指标的变动以及指标之间的相互关系,评价企业成本计划的完成情况,揭示影响成本指标变动的因素和原因,从而对企业一定时期的成本工作获得比较全面、本质的认识。

9.1　成本分析一般程序的特点

成本分析的一般程序,具有以下特点:

1. 分析成本报表,必须掌握成本费用资料,掌握实际情况

为了全面、系统地分析成本报表,必须占有详细的资料,包括成本报表资料和其他有关的计划、统计、业务技术资料等,同时还要深入实际调查研究,并进行必要的审核和整理,去粗取精、去伪存真。只有根据客观、相关的资料和情况进行分析,才能得出正确的、有指导意义的结论。

2. 分析成本报表,应从总体评价开始,然后深入、具体地分析

具体评价企业成本工作,必须在总评价的基础上,根据总括分析中发现的问题,对重点产品的单位成本及其成本项目或重点费用项目进行深入具体的分析。这样做也是为了防止另一种片面性,即只见森林、不见树木,防止分析的表面化、一般化。

3. 分析成本报表,在深入、具体地分析的基础上,查明各种因素变动的原因

研究影响单位成本及其成本项目或重点费用项目具体指标变动的各种因素,必须将这些因素进行归类,并采用一定的分析方法,从量上确定各类因素的影响程度,然后通过比较确定起决定作用的主要因素。

查明各种因素变动的原因,依据相互联系生产技术、生产组织和经营管理等方面的情况,以便采取措施挖掘降低产品成本和节约费用开支的潜力。

4. 分析成本报表,必须以全面、发展的观点对企业成本工作进行评价

在市场经济条件下,评价企业成本工作的优劣不能只看其是否完成计划、达到企业的目标,还要联系竞争对手,分析企业在市场竞争中是否具有优势。另外,社会经济和企业经济的运行过程都在不断地发展变化,因此,要用战略、发展的观点,把企业的工作与社会发展的要求联系起来考虑。既要立足现在,又要放眼未来,要注意企业内部条件和外部环境的变化对企业成本工作的影响,正确处理短期经济效益与长期经济效益的关系。

从上述分析的一般程序中可以看出,成本报表分析的过程实际上是成本指标的分解和综合相结合的过程。通过指标分解可以使分析不断深入,综合分析的结果才能获得对企业成本工作全面、本质的认识。这一程序也体现了定性分析和定量分析相结合的原则要求。没有定性分析就弄不清事物的本质、趋势和与其他事物的联系;没有定量分析就弄不清影响因素的数量界限及事物发展的阶段性和特殊性。

9.2　成本分析的方法

在对成本报表进行分析的过程中,在研究各项成本指标的数量变动和指标之间的数量关系、测定各种因素变动对成本指标的影响程度时,常用的分析方法有以下几种:

1. 比较分析法

比较分析法是指通过指标对比,从数量上确定差异的一种分析方法。其主要作用在于揭示客观上存在的差距,并为进一步分析指明方向。在实际工作中,比较分析法通常有以下几种形式:

①差异比较分析。差异比较以成本的实际指标与成本的计划或定额指标对比,分析成本计划或定额的完成情况。

②趋势比较分析。趋势比较以本期实际成本指标与历史数据即上期、上年同期或历史最好水平等指标对比,观察企业成本指标的变动情况和变动趋势,了解企业生产经营工作的改进情况。

③横向比较分析。横向比较以本企业实际成本指标或某项技术经济指标与国内外同行业先进指标对比,可以在更大的范围内找出差距,推动企业改进经营管理。

比较分析法是经济分析中广泛应用的一种分析方法。其只适用于同质指标的数量对比。因此,应用此方法时要注意对比指标的可比性,进行对比的各种指标在经济内容、计算方法、计算期和影响指标的条件等方面,应有可比的基础。如果相比的指标之间有不可比因素,可以将对比的指标作必要的调整,然后再进行对比,也要防止将指标的可比性绝对化。

2.比率分析法

比率分析法是指通过计算和对比经济指标的比率进行数量分析的一种方法。采用这一方法,其具体形式有以下几种:

①相关指标比率分析。它是将两个性质不同但又相关的指标对比求出比率进行数量分析的一种方法。在实际工作中,由于生产规模不同,有些指标不具有可比性,如利润指标。采用相关指标比率分析方法,将成本指标与反映生产、销售等生产经营成果的产值、销售收入、利润指标对比求出的产值成本率、销售成本率和成本利润率指标,可据以分析和比较生产耗费的经济效益。这些指标的计算方法如下:

$$产值成本率 = 产品成本 \div 商品产值 \times 100\%$$
$$销售成本率 = 产品成本 \div 产品销售收入 \times 100\%$$
$$成本利润率 = 利润 \div 产品成本 \times 100\%$$

②构成比率分析。它是指某项经济指标的各个组成部分占总体的比重,即局部占总体的比重。在实际工作中,将构成产品成本的各个成本项目同产品成本总额相比,计算其占成本的比重,确定成本的构成比率;通过观察产品成本构成的变动,掌握经济活动情况,了解企业改进生产技术和经营管理对产品成本的影响。

$$原材料费用比率 = 原材料费用 \div 产品成本 \times 100\%$$
$$工资费用比率 = 工资费用 \div 产品成本 \times 100\%$$
$$制造费用比率 = 制造费用 \div 产品成本 \times 100\%$$

③趋势比率分析。它是将不同时期同类指标的数值对比求出比率,进行动态比较,据以分析该项指标的增减速度和变动趋势,从中发现企业在生产经营方面的成绩或不足进行数量分析的一种方法。

在实际工作中,以基期指标的不同分为定比比率分析和环比比率分析。定比比率分析是将不同时期同类指标的数值都与某一期指标数值对比求出比率,进行动态比较、数量分析的一种方法。

环比比率分析是将不同时期同类指标的数值都与前一期指标数值对比求出比率,进行动态比较、数量分析的一种方法。

比率分析法也是经济分析中广泛应用的一种分析方法。

3.连环替代分析法

连环替代分析法是将综合性指标分解为各个因素,将各因素的实际值按顺序替代标准值,以此计算几个相互联系的因素对综合经济指标变动影响程度的一种分析方法。连环替代分析法的程序如下:

①确定影响指标变动的因素。

②确定各因素分析的顺序。

③以基数为计算基础。

④按照排列的顺序逐次将前一项因素的基数替换为实际数,与其相邻近的前一次计算结果相比较,两者的差额就是某一因素变动对综合经济指标变动的影响程度。有几项因素就替换几次。

⑤计算各因素变动影响的代数和。这个代数和应等于被分析指标实际数与基数的总差异数。

【例9-1】　某企业甲产品以材料费用总额变动分析为例,A产品计划和实际的材料费用如表9-2所示。说明连环替代分析法的程序。

表9-2　甲产品计划和实际的材料费用表　　　　　金额单位:元

项　目	产品数量	单位产品材料消耗量	材料单价	材料费用
计划	40	36	20	7 200
实际	42	34	24	8 568
差异	2	−2	4	1 368

首先,将材料费用总额的实际数与计划数对比,确定实际脱离计划差异,作为分析对象。影响材料费用总额的因素很多,按其相互关系可归纳为三个:产品产量、单位产品材料消耗量和材料单价。

以计划数为基数:40×36×20＝7 200(元)　　　　　　　　　①

第一次替换:42×36×20＝7 560(元)　　　　　　　　　②

②－①产量变动影响:7 560－7 200＝360(元)

第二次替换:42×34×20＝7 140(元)　　　　　　　　　③

③－②单位产品材料消耗量变动影响:7 140－7 560＝−420(元)

第三次替换:42×34×24＝8 568(元)　　　　　　　　　④

④－③材料单价变动影响:8 568－7 140＝1 428(元)

通过计算可以看出,虽然单位产品材料消耗量降低使材料费用节约420元,但由于产量增加,特别是材料单价的升高,使材料费用增多1 788元(1 428＋360)。进一步分析应查明材料消耗节约和材料价格升高的原因,然后才能对企业材料费用总额变动情况作出评价。

从上述计算程序中,可以看出其具有以下特点:

①计算程序的连环性。严格按照各因素的排列顺序,逐次以一个因素的实际数替换其基数。除第一次替换外,每个因素的替换都是在前一个因素替换的基础上进行的。

②因素替换的顺序性。要正确确定各因素的替换顺序,在分析的因素中,应先计算数量指标变动影响,再计算质量指标的变动影响;如果既有实物量指标又有价值量指标,一般先替换实物量指标,再替换价值量指标。如果有几个数量指标和质量指标,要分清哪个是基本因素,

哪个是次要因素,然后根据它们的相互依存关系确定替换顺序。

③计算条件的假定性。在测定某一因素变动影响时,是以假定其他因素不变为条件的。因此,计算结果带有一定的假定性。但这种科学的抽象分析方法,是在确定事物内部各种因素影响程度时必不可少的。

4.差额分析法

差额分析法是连环替代法的一种简化形式。运用这一方法时,先要确定各因素实际数与计划数之间的差异,然后按照各因素的排列顺序,依次求出各因素变动的影响程度。这一方法的应用原理与连环替代法一样,只是计算程序不同。

仍用例 9-1 的数字资料,以差额计算法测定各因素影响程度如下:

①分析对象。

$8\,568-7\,200=+1\,368$(元)

②各因素影响程度。

产量变动影响$=(42-40)\times36\times20=360$(元)

消耗量变动影响$=42\times(34-36)\times20=-420$(元)

材料单价变动影响$=42\times34\times(24-20)=1\,428$(元)

差额分析法由于计算简便,所以应用比较广泛,特别适用于两个影响因素的分析。

9.3 商品产品成本表(按产品种类反映)的分析

1.对商品产品成本计划的完成情况进行总括评价

通过总评价,一是对企业商品成本计划的完成情况有个总括的了解;二是通过对影响计划完成情况因素的初步分析,为进一步分析指明方向。

2.分析可比产品成本降低计划的完成情况

可比产品成本降低计划指标和计划完成情况的资料,分别反映在企业的成本计划和成本报表中。

影响可比产品成本降低计划完成情况的因素主要有产品产量、产品品种结构和单位成本,采用连环替代法,就能分析得出可比产品成本降低计划的完成情况的原因。

①产品产量变动因素的影响。成本计划降低额是根据各种产品的计划产量制订的。产量的增减变动必然会影响可比产品成本降低额。当产品品种构成和产品单位成本不变时,单纯产量变动只影响成本降低额,而不影响成本降低率。

产量变动对成本降低额的影响

$=\sum$(实际产量×上年实际单位成本)$-\sum$(计划产量×上年实际单位成本×计划成本降低率)

$=\sum$[(实际产量-计划产量)×上年实际单位成本×计划成本降低率]

②产品品种结构因素的影响。由于各种产品成本降低率不同,当产品产量不是同比例增长时,就会使降低额和降低率同时发生变动。如果提高降低率大的产品在全部可比产品中的比重,就会使成本降低额绝对值增大,并使成本降低率相对值增大;相反,则会减少成本降低额的绝对额和降低率的相对值。

品种结构变动对成本降低额的影响

$$= \sum (实际产量 \times 上年实际单位成本) - \sum (实际产量 \times 计划单位成本) - \sum (实际产量 \times 上年实际单位成本) \times 计划成本降低率$$

$$品种结构变动对成本降低率的影响 = \frac{品种结构变动对成本降低额的影响数}{\sum (实际产量 \times 上年实际单位成本)} \times 100\%$$

9.4　主要产品单位成本表的分析

分析依据资料:主要产品单位成本表、成本计划和各项消耗定额资料,以及反映各项技术经济指标的业务技术资料等。

分析的程序一般是先分析各种产品单位成本实际比计划、比上年实际、比历史最好水平的升降情况;再按成本项目分析其增减变动,分析造成单位成本升降的具体原因。

从产品本月实际单位成本与本年计划、上年实际平均、全年累计实际平均进行比较作出总体评价,确定差异额和差异率。再从成本项目对比分析对产品单位成本计划的影响程度,查明造成产品单位成本升降的原因。

1. 主要成本项目分析

(1)直接材料项目的分析

直接材料费用的变动主要包括单位产品直接材料消耗数量和直接材料价格两个因素的变动影响。其计算公式如下:

$$单位产品直接材料费用 = \sum (直接材料消耗数量 \times 材料单价)$$

$$单位产品直接材料费用差异 = 单位产品直接材料实际费用 - 单位产品直接材料计划费用$$

$$单位产品直接材料消耗数量变动的影响 = \sum [(实际材料单耗 - 计划材料单耗) \times 计划材料单价]$$

$$单位产品直接材料单价变动的影响 = \sum [(实际材料单价 - 计划材料单价) \times 实际材料单耗]$$

(2)直接人工费用项目的分析

在计件工资制度下,计件单价不变,单位成本中的工资费用一般也不变,除非生产工艺或劳动组织方面有所改变,或者出现了问题。

在计时工资制度下,如果企业生产多种产品,产品成本中的工资费用一般是按生产工时比例分配计入的。这时产品单位成本中工资费用的多少,取决于生产单位产品的工时消耗和每小时工资两个因素。其计算公式如下:

$$单位产品直接人工费用 = 单位产品工时消耗量 \times 小时工资率$$

$$单位产品直接人工费用差异 = 单位产品直接人工实际费用 - 单位产品直接人工计划费用$$

$$单位产品直接人工单位工时消耗量变动的影响 = (实际单耗工时 - 计划单耗工时) \times 计划小时工资率$$

$$单位产品直接人工小时率变动的影响 = (实际小时工资率 - 计划小时工资率) \times 实际单耗工时$$

（3）制造费用项目的分析

制造费用在生产两种以上产品的企业是间接计入费用，与生产工人计时工资一样，一般是根据生产工时等分配标准分配计入产品成本的。因此，产品单位成本中制造费用的分析与计时工资制度下的工资及福利费分析相类似，先分析单位产品所耗工时和每小时制造费用两个因素变动的影响，然后查明这两个因素变动的原因。其计算公式如下：

$$单位产品制造费用＝单位产品工时消耗量×小时制造费用分配率$$

$$单位产品制造费用差异＝\begin{matrix}单位产品制造\\费用实际费用\end{matrix}-\begin{matrix}单位产品制造\\费用计划费用\end{matrix}$$

$$\begin{matrix}单位产品制造费用单位\\工时消耗量变动的影响\end{matrix}＝\left(\begin{matrix}实际单\\耗工时\end{matrix}-\begin{matrix}计划单\\耗工时\end{matrix}\right)×计划制造费用分配率$$

$$\begin{matrix}单位产品制造费用\\小时率变动的影响\end{matrix}＝\left(\begin{matrix}实际小时制造\\费用分配率\end{matrix}-\begin{matrix}计划小时制造\\费用分配率\end{matrix}\right)×实际单耗工时$$

【例 9-2】　佳豪工厂乙产品单位成本有关资料，如表 9-3 所示。

表 9-3　乙产品单位成本有关资料　　　　　　　　　金额单位：元

成本项目	本年计划金额	本月实际金额
直接材料	550	522
直接人工	82	75
制造费用	140	145
合　计	772	742

主要技术经济指标	计　划			实　际		
	数量	单价	金额	数量	单价	金额
1. A 材料	20	13.5	270	18	14	252
2. B 材料	32	8.75	280	30	9	270
3. 人工费用	2 工时	41	82	1.5 工时	50	75
4. 制造费用	2 工时	70	140	1.5 工时	96.67	145

根据表 9-3 资料，乙产品实际单位成本比计划节约 30 元，降低率为 3.89%。具体作如下分析：

（1）直接材料项目的分析。

直接材料费用差异＝522－550＝－28（元）

直接材料消耗数量变动的影响＝(18－20)×13.5＋(30－32)×8.75＝－44.5（元）

直接材料单价变动的影响＝(14－13.5)×18＋(9－8.75)×30＝16.5（元）

两个因素影响程度合计＝－44.5＋16.5＝－28（元）

（2）直接人工项目的分析。

直接人工费用差异＝75－82＝－7（元）

直接人工单位工时消耗量变动的影响＝(1.5－2)×41＝－20.5（元）

直接人工小时率变动的影响＝(50－41)×1.5＝13.5（元）

两个因素影响程度合计＝－20.5＋13.5＝－7（元）

（3）制造费用项目的分析。

制造费用差异＝145－140＝5（元）

制造费用单位工时消耗量变动的影响＝(1.5－2)×70＝－35（元）

制造费用小时率变动的影响＝(96.67－70)×1.5＝40(元)

两个因素影响程度合计＝－35＋40＝5(元)

通过因素分析计算出来的数据,有关部门和管理人员应进一步深入实际、调查和分析,巩固和发扬有利差异,加强和监督对不利差异的控制和管理。

2.技术经济指标变动对产品成本影响的分析

(1)原材料消耗数量变动对产品成本的影响的分析

第一,改进产品设计以及加工工艺对产品成本的影响。改进产品设计,使产品结构合理、体积缩小、重量减轻,就能减少原材料消耗,降低原材料费用。

改进工艺和加工方法或采取合理的套裁下料措施,减少毛坯的切削余量和工艺损耗,就能提高原材料利用率,节约原材料消耗,降低产品成本。通过原材料利用率指标反映原材料有效利用程度。

第二,材料质量的变化对产品成本的影响。实际耗用的原材料质量如高于计划规定,可能会提高产品质量,或者节约材料消耗,但材料费用会升高;反之,如果质量低于计划要求,价格虽低,但会增大材料消耗量,增加生产操作时间,或者降低产品质量。

第三,原材料综合利用对产品成本的影响。在保证产品质量的前提下,原材料代用或配料比例的变化,采用廉价的代用材料,选用经济合理的技术配方,就会节约原材料消耗或降低原材料费用。

生产中产生废料数量和废料回收利用情况的变化,也会对原材料费用产生影响。

企业在利用原材料生产主产品的同时,还生产副产品,开展原材料的综合利用。这样就可以将同样多的原材料费用分配到更多品种和数量的产品,从而降低主产品的原材料费用。

(2)工人劳动生产率变动对产品成本影响分析

产品成本中的直接人工费用取决于生产单位产品的工时消耗和每小时工资两个因素。单位产品所耗工时的节约,是由于改进了生产技术或工人提高了劳动的熟练程度,从而提高了劳动生产率的结果;每小时工资的提高,由于它受计时工资总额和生产工时总数两个因素的变动影响,只有当劳动生产率的增长超过平均工资的增长时,才能形成人工成本的降低。

(3)产品质量变动对产品成本影响分析

在生产消耗水平不变的条件下,产品质量提高可以使产品成本中废品损失的含量降低,同样数量的直接材料、直接人工能生产出更多的合格品,从而达到降低产品单位成本的目的。反映产品质量的指标主要有废品率、合格品率、等级品率、返修率等。这里仅介绍废品率的变动对产品成本的影响额和影响率。

9.5　制造费用明细表的分析

首先,进行比较分析。应根据表中资料以本年实际数与本年计划数、本年实际数与上年实际数相比较,确定实际脱离计划差异,然后分析差异的原因。

其次,进行费用项目结构比率分析。分别计算出本年实际数、本年计划数、上年实际数,然后进行对比分析,可以看出费用的变化情况。

最后,进行相关指标比率分析。通过产值费用率、销售收入费用率和费用利润率分析,可以分析出生产耗费的经济效益情况及其变动的趋势。

【任务实施】

首先,将材料费用总额的实际数与计划数对比,确定实际脱离计划差异,作为分析对象。影响材料费用总额的因素很多,按其相互关系可归纳为三个:产品产量、单位产品材料消耗量和材料单价。

以计划数为基数:$100 \times 9 \times 6 = 5\,400$(元)　　　　　①

第一次替换:$102 \times 9 \times 6 = 5\,508$(元)　　　　　②

②-①产量变动影响:$5\,508 - 5\,400 = 108$(元)

第二次替换:$102 \times 10 \times 6 = 6\,120$(元)　　　　　③

③-②单位产品材料消耗量变动影响:$6\,120 - 5\,508 = 612$(元)

第三次替换:$102 \times 10 \times 5.5 = 5\,610$(元)　　　　　④

④-③材料单价变动影响:$5\,610 - 6\,120 = -510$(元)

通过计算可以看出,由于产量增加使原材料费用增加108元,由于单耗提高使原材料费用实际比计划增加612元,由于材料价格下降使实际比计划下降510元,因此全部因素的影响为$108 + 612 - 510 = 210$(元)。

应用连环替代法,应注意这一方法是假定各个因素依照一定的顺序发生变动而进行替代计算的,因而,计算的结果具有一定程度的假定性。换言之,它与连锁替代的顺序有很大关系,顺序改变了,各个因素的数值也将不同。分析的替代顺序应该根据指标的经济性质、各个组成因素的内在联系和分析的具体要求而定。

单元小结

●成本报表是根据日常成本和费用核算资料以及其他有关资料定期编制的,用以反映企业一定时期成本费用的水平和构成情况的书面报告文件。

●成本报表按其所反映的内容可分为以下几种:反映产品成本情况的报表和反映各种费用支出的报表。

●成本报表的特点包括:灵活性、多样性、综合性。

●数字准确,是指报表中的各项数据必须真实可靠,不能任意估计,更不允许弄虚作假、篡改数字,因为企业在编制报表前,应将所有的经济业务登记入账,应核对各种账簿之间的记录,做到账账相符;清查财产、物资,做到账实相符。然后再依据有关账簿的记录编制报表。报表编制完毕后,还应检查各个报表中相关指标的数字是否一致。

●内容完整是指主要报表种类应齐全,应填列的报表指标和文字说明必须全面,表内项目和表补充资料,不论根据账簿资料直接填列,还是分析计算填列,都应当完整无缺,不得任意取舍。注意保持各成本报表计算口径一致,计算方法如有变动,应在附注中说明。对定期报送的主要成本报表,还应有分析、说明生产成本和费用升降情况、原因、措施的文字材料。

●编报及时是指根据企业管理部门的需要迅速提供各种成本报表。成本报表有些定期编制,有些不定期编制,无论是定期编制或是不定期编制,都要求及时编制,及时反馈。只有这样,才能及时地对企业成本完成情况进行检查和分析,从中发现问题,及时采取措施加以解决,以充分发挥成本报表的应有作用。要做到这一点，要求企业不仅要做好日常成本核算工作，还要注意整理、收集有关的历史成本资料、同行业成本资料、统计资料以及成本计划资料、费用预算资料等。

●成本分析是成本核算工作的延续，它贯穿于成本管理工作的全过程，包括事前分析、事中分析和事后分析。而成本报表分析属于事后分析，它以成本报表所提供的，反映企业一定时期成本、费用水平和构成情况的资料和有关的计划、核算资料为依据，运用科学的分析方法，通过分析各项指标的变动以及指标之间的相互关系，评价企业成本计划的完成情况，揭示影响成本指标变动的因素和原因，从而对企业一定时期的成本工作获得比较全面、本质的认识。

●在对成本报表进行分析的过程中，在研究各项成本指标的数量变动和指标之间的数量关系、测定各种因素变动对成本指标的影响程度时，常用的分析有以下几种：比较分析法、比率分析法、连环替代分析法、差额分析法。

●比较分析法是指通过指标对比，从数量上确定差异的一种分析方法。其主要作用在于揭示客观上存在的差距，并为进一步分析指明方向。在实际工作中，比较分析法通常有以下几种形式：差异比较分析、趋势比较分析、横向比较分析。

●比率分析法是指通过计算和对比经济指标的比率进行数量分析的一种方法。采用这一方法，其具体形式有以下几种：相关指标比率分析、构成比率分析、趋势比率分析。

●连环替代分析法是将综合性指标分解为各个因素，将各因素的实际值按顺序替代标准值，以此计算几个相互联系的因素对综合经济指标变动影响程度的一种分析方法。

●差额分析法是连环替代法的一种简化形式。运用这一方法时，先要确定各因素实际数与计划数之间的差异，然后按照各因素的排列顺序，依次求出各因素变动的影响程度。这一方法的应用原理与连环替代法一样，只是计算程序不同。

闯关考验

一、知识思考

1.成本报表编制和分析的意义是什么？
2.成本报表作为对内报表具有哪些特点？
3.成本分析的方法有哪些？
4.对成本报表进行分析的重点内容是什么？
5.连环替代法的分析程序是什么？运用时应注意什么问题？

二、技能测试

某企业本年度各种产品计划成本和实际成本资料如下：

成本对比分析表

2017 年×年×月

单位:元

项 目	本年计划成本	本年实际成本	成本差异额	成本差异率
A 产品	100 000	980 000		
B 产品	2 500 000	2 600 000		
C 产品	3 800 000	4 000 000		
合 计	7 300 000	7 580 000		

要求:根据上述资料,采用对比分析法,分析各种产品的成本差异额和成本差异率并将计算结果填列表中。

三、理论测试

(一)单选题

1. 可比产品成本降低额=( )—可比产品本年累计实际总成本。

A. 全部产品按上年实际平均单位成本计算的本年累计总成本

B. 可比产品按上年实际平均单位成本计算的本年累计总成本

D. 全部产品按本年计划平均单位成本计算的本年累计总成本

D. 可比产品按本年计划平均单位成本计算的本年累计总成本

2. 下列报表中不属于产品成本报表的是( )。

A. 主要产品单位成本表　　　　　　B. 制造费用明细表

C. 商品产品成本表表　　　　　　　D. 主营业务收支明细表

3. 成本报表分析中,采用连环替代分析方法时,各因素的顺序为( )。

A. 可以任意排列

B. 应按一定原则排列:先质量后数量

C. 应按一定原则排列:先主要后次要

D. 应按一定原则排列:先数量后质量

4. 按照《企业会计准则》规定,成本报表是( )。

A. 对外报表　　　　　　　　　　　B. 对内报表(或称内部报表)

C. 既是对外报表,又是对内报表　　D. 对内还是对外,由企业自行决定

5. 比较分析法是指通过指标对比,从( )上确定差异的一种分析方法。

A. 质量　　　　B. 数量　　　　C. 价值量　　　　　D. 劳动量

6. 可比产品是指( ),有完整的成本资料可以进行比较的产品。

A. 试制过　　　　　　　　　　　　B. 国内正式生产过

C. 企业曾经正式生产过　　　　　　D. 企业曾经试制过

7. 产值成本率是产品总成本与( )的比率。

A. 总产值　　　　B. 产品产值　　　　C. 净产值　　　　D. 总产值或产品产值

8. 主要产品单位成本的一般分析,通常首先采用( )进行分析。

A. 对比分析法　　　B. 趋势分析法　　　C. 比率分析法　　　D. 连环替代法

9.可比产品成本降低额与降低率之间的关系是(　　)。

A.成反比　　　　　B.成正比　　　　　C.同方向变动　　　　　D.无直接关系

10.采用连环替代法可以揭示(　　)。

A.产生差异的因素

B.实际数和计划数之间的差异

C.产生差异的因素和各项因素的影响程度

D.产生差异的因素和各因素的变动原因

(二)多选题

1.影响可比产品成本降低额变动的因素有(　　)。

A.产品产量　　　　　　　　　　B.产品价格

C.产品品种构成　　　　　　　　D.产品单位成本

2.单纯产品产量变动对可比产量成本降低计划完成情况的影响是(　　)。

A.使成本降低额增加或减少　　　B.成本降低额不变

C.使成本降低率升高或者降低　　D.成本降低率不变

3.影响单位产品原材料费用变动的因素主要是(　　)。

A.单位产品原材料消耗数量　　　B.原材料质量

C.原材料单价　　　　　　　　　D.原材料价格差异

4.影响产品单位成本中工资费用变动的因素主要是(　　)。

A.单位产品工时消耗　　　　　　B.产品工时定额

C.工人出勤率　　　　　　　　　D.小时工资率

5.成本报表的分析方法很多,主要有(　　)。

A.比率分析法　　　　　　　　　B.相关指标比率分析法

C.构成比率分析法　　　　　　　D.对比分析法

6.用来分析各因素对总体指标影响程度的分析方法是(　　)。

A.对比分析法　　　　　　　　　B.比率分析法

C.因素分析法　　　　　　　　　D.差额分析法

7.编制成本报表的基本要求有(　　)。

A.数字真实　　　　　　　　　　B.计算正确

C.内容完整　　　　　　　　　　D.编报及时

8.下列属于成本报表的有(　　)。

A.责任成本报表　　　　　　　　B.质量成本报表

C.成本日测报表　　　　　　　　D.制造费用明细表

9.在产品成本表中补充资料部分所示的项目有(　　)。

A.可比产品降低额　　　　　　　B.可比产品降低率

C.产值成本率　　　　　　　　　D.不可比产品成本降低率

10.主要产品单位成本表由(　　)部分组成。

A.费用项目　　　　　　　　　　B.产量

C.单位售价　　　　　　　　　　D.主要经济技术指标

（三）判断题

1. 会计报表按其报送对象可以分为对外报表和对内报表两类。成本报表属于内部报表，不对外报送。（　　）
2. 比较分析的主要作用在于揭示客观存在的差距，并为进一步分析指出方向。（　　）
3. 采用连环替代法，在测定某一因素变动影响时，是以假定其他因素不变为条件的，即是在其他因素不变的条件下，确定这一因素变动的影响程度。（　　）
4. 假定产品品种构成和产品单位成本不变，单纯产量变动，只影响可比产品成本减低额，而不影响可比产品成本降低率。（　　）
5. 比较分析法只适用于同质指标的数量对比。（　　）
6. 影响可比产品成本降低额指标变动的因素有产品产量和产品单位成本。（　　）
7. 产品单位成本变动，只会影响成本降低率，不会影响成本降低额。（　　）
8. 主要产品是指成本、费用较大的产品。（　　）
9. 制造费用明细表所列的制造费用，是企业所有车间的制造费用。（　　）
10. 不同企业的成本报表可以存在差异。（　　）

四、拓展实训

实训题

实训课题：成本报表编制与分析

实训目的：掌握成本报表编制与分析方法。

实训组织：每2~3名学生为一组，分别负责成本报表编制和分析的各项工作。

实训内容：

（一）实训资料

某企业本年度生产A、B、C、D产品，有关资料如下：

产量及单位成本资料

产品名称	产量（件）		单位成本（元）		
	计划	实际	上年实际	本年计划	本年实际
A产品	2 000	2 300	1 000	980	990
B产品	1 000	900	1 500	1 600	1 480
C产品	5 600	6 000	3 000	2 900	2 800
D产品	7 000	6 900	5 900	5 800	5 500

（二）实训要求

根据上述资料对可比产品成本降低任务完成情况进行分析，并将计算结果填入下表中：

可比产品成本计划降低任务

可比产品	计划产量	单位成本		总成本		降低任务	
		上年	计划	上年	计划	降低额	降低率
A 产品							
B 产品							
C 产品							
D 产品							
合　计							

可比产品成本实际完成情况

可比产品	实际产量	单位成本			总成本			降低任务	
		上年	计划	实际	上年	计划	实际	降低额	降低率
A 产品									
B 产品									
C 产品									
D 产品									
合　计									

可比产品成本降低任务完成情况分析

影响因素				计算方法	
顺序	产量	品种构成	单位成本	降低额	降低率
(1)	计划	计划	计划		
(2)	实际	计划	计划		
(3)	实际	实际	计划		
(4)	实际	实际	实际		

各因素的影响：
产量因素的影响
品种构成因素的影响
单位成本构成因素的影响
合　计

实训考核：

考核标准					
序号	考核项目	评分标准			
		A(100%)	B(80%)	C(60%)	D(0)
1	态度(50分)	保质保量完成	书写工整	书写不工整	未写或互相抄袭
2	质量(50分)	规范、符合实际	基本符合实际	—	未搞清所布置的问题
评价方式:学生互评,教师总评					
评分	学生	点评:		得分:	总　分
	教师	点评:		得分:	

参考文献

[1]姜春毓.成本会计[M].北京:电子工业出版社,2012.

[2]柯于珍.成本核算实务[M].北京:高等教育出版社,2015.

[3]刘萍,王鸿雁.成本核算实务[M].上海:立信会计出版社,2013.

[4]刘相礼,王苹香,朱延琳.成本会计实务与案例[M].北京:北京大学出版社,2016.

[5]顾全根.成本会计实务[M].北京:清华大学出版社,2016.

[6]刘斌红.成本会计实务[M].北京:北京大学出版社,2017.

[7]王丽娟.成本会计实务[M].北京:中国人民大学出版社,2016.

[8]侯君邦,柏海燕.成本会计实务[M].北京:科学技术文献出版社,2015.

[9]孙颖,赵萍.成本会计实务[M].北京:清华大学出版社,2017.

[10]万寿义,任月君.成本会计[M].大连:东北财经大学出版社,2017.

[11]于富生,黎来芳,张敏.成本会计学[M].北京:中国人民大学出版社,2015.

[12]侯晓红,林爱梅.成本会计学[M].北京:机械工业出版社,2015.

[13]李青,吴玲.成本会计[M].上海:立信会计出版社,2016.

[14]陈云.成本会计学案例分析[M].上海:立信会计出版社,2015.

[15]孟焰,刘俊勇.成本管理会计[M].北京:高等教育出版社,2016.